上海黄金交易所博士后工作站文库

跨境资本流动影响因素及宏观审慎管理

——以新兴经济体为例

朱　琳　著

中国金融出版社

责任编辑：黄海清
责任校对：潘　洁
责任印制：张也男

图书在版编目（CIP）数据

跨境资本流动影响因素及宏观审慎管理：以新兴经济体为例/朱琳
著．—北京：中国金融出版社，2021.3
（上海黄金交易所博士后工作站文库）
ISBN 978 - 7 - 5220 - 0302 - 3

Ⅰ.①跨…　Ⅱ.①朱…　Ⅲ.①资本流动—宏观管理—研究—中国
Ⅳ.①F832.6

中国版本图书馆 CIP 数据核字（2021）第 035098 号

跨境资本流动影响因素及宏观审慎管理——以新兴经济体为例
KUAJING ZIBEN LIUDONG YINGXIANG YINSU JI HONGGUAN SHENSHEN
GUANLI：YI XINXING JINGJITI WEILI

出版
发行　**中国金融出版社**

社址　北京市丰台区益泽路 2 号
市场开发部　（010)66024766，63805472，63439533（传真）
网 上 书 店　www. cfph. cn
　　　　　　（010)66024766，63372837（传真）
读者服务部　（010)66070833，62568380
邮编　100071
经销　新华书店
印刷　北京市松源印刷有限公司
尺寸　169 毫米 × 239 毫米
印张　12.5
字数　176 千
版次　2021 年 3 月第 1 版
印次　2021 年 3 月第 1 次印刷
定价　48.00 元
ISBN 978 - 7 - 5220 - 0302 - 3
如出现印装错误本社负责调换　联系电话（010）63263947

总　序

　　自 1978 年改革开放至今，中国经济呈现接近两位数的较高年均增幅，创造了中国发展奇迹。不过近年来，我国经济形势转变明显。虽然 2010 年国内生产总值（GDP）依然保持 10.6% 的增速，但 2011 年以来，我国经济增长速度逐渐下滑，经济下行压力明显。党的十九大作出了"我国经济已由高速增长阶段转向高质量发展阶段"的重要论断。目前，我国经济正处在转变发展方式、优化经济结构、转换增长动力的攻关期。在国内外经济形势错综复杂的关键时刻，我国经济发展正面临百年未有之大变局。

　　金融作为现代经济的核心，是连接各经济部门的重要纽带。改革开放以来，我国金融业发展取得显著成效。特别是党的十八大以来，我国有序完善金融服务、防范金融风险、保障金融安全、深化金融改革、加强金融开放与合作，金融产品日益丰富，金融服务普惠性增强，金融监管得到加强和改进。伴随着我国金融改革开放进程的不断推进，金融业经营效率逐渐改善，社会经济发展对金融业的需求日益提升，金融业在国民经济中的地位显著增强。然而，随着我国经济转向高质量发展阶段，金融业的市场结构、经营理念、创新能力、服务水平等还不适应经济高质量发展的要求，诸多矛盾和问题仍然突出。

　　习近平总书记高度重视经济金融工作，多次发表重要讲话谈话，对经济金融工作作出重要指示批示。在主持十九届中共中央政治局第十三次集体学习时，习近平总书记指出"经济是肌体，金融是血脉，两者共生共荣"。"血脉"与"肌体"的类比揭示了金融服务实体经济的深刻内涵，"共生共荣"的关系界定彰显两者是互相依存的有机整体，这是对金融在国民经济中重要地位的新论述。目前，我国正处在深化金融供给侧结构性改革的重要时期。党的十九届四中全会提出了"健全具有高度适应性、竞争力、普惠性的现代金融体系"的宏伟目标，这是党中央针对金融业提出的重要治理方针。在此背景下，应当秉持服务实体经济高质量发展的宗旨，扎实推进并做好各项金融工作。

　　完善要素市场化配置是建设统一开放、竞争有序市场体系的内在要求，是坚持和完善社会主义基本经济制度、加快完善社会主义市场经济体制的重要内容。黄金市场是金融要素市场的重要组成部分。大力推动黄金市场发展，有利于完善我国金融市场体系，深化金融市场功能，这对于增强金融服务实体经济能力也会发挥重要作用。2002年10月，经国务院批准、由中国人民银行组建，上海黄金交易所（以下简称上金所）正式运行。上金所的成立实现了中国黄金生产、消费、流通体制的市场化，开启了中国黄金市场化的历史进程，是中国黄金市场开放的重要标志。

　　成立18年来，上金所顺应中国经济崛起和金融改革开放大势，坚持服务实体经济和金融市场发展的原则，抢抓机遇，克难奋进，推动中国黄金市场实现了从无到有、从小到大、从弱到强的跨越式发展。近年来，上金所先后启动国际板、推出全球首个以人民币计价的黄金基准价格"上海金"，并挂牌"上海银"集中定价合约，努力服务实体经济，积极助力人民币国际化，已逐步成为中国黄金市场的枢纽以及全球重要的黄金、白银、铂金交易中心。目前，上金所主要业务包括：一是交易服务。中国已逐步形成了以上金所集中统一的一级市场为核心、竞争有序的二级市场为主体，多元的衍生品市场为支撑的多层次、全功能黄金市场体系，涵盖竞价、定价、询价、报价、金币、租借、黄金 ETF 等市场板块。二是清算服务。上金所实行"集中、净额、分级"的结算原则，目前主板业务共有指定保证金存管银行 18 家，国际板业务共有指定保证金存管银行 9 家。三是交割储运服务。上金所实物交割便捷，在全国 36 个城市使用 67 家指定仓库，满足了国内包括金融、生产、加工、批发、进出口贸易等在内的各类黄金产业链企业的出入库需求。截至 2019 年底，上金所会员总数达 270 家，交易量已连续 13 年位居全球黄金现货场内交易所之首，对全球黄金市场格局产生深远影响。

百舸争流，千帆竞发。上金所在历史的新征程中提出了建设国际一流的综合性黄金交易所。在未来国际化过程中，上金所作为全国黄金市场的核心枢纽，将继续把握主动，统筹好市场化、国际化两个发展大局，实现黄金市场由商品交易为主向商品交易和金融交易并重转变，由现货交易为主向现货与衍生品双功能为主转变，由国内市场为主向国内市场和国际市场共同发展转变；打造上海金和百姓金"两金"品牌，营造一流的企业文化，构建各类市场主体深度参与、开放水平不断提高、要素有序流动、资源高效配置、具有活力和竞争力的市场体系，实现业务国际化和交易全球化，推动黄金市场创新、开放、共享和平衡健康发展。

为了更好地服务黄金产业及国家的经济金融发展大局，为中国金融市场的改革开放、人民币国际化深入推进和"一带一路"倡议等贡献力量，上金所与复旦大学根据全国博士后管委会《博士后管理工作规定》于 2016 年协商设立上海黄金交易所博士后科研工作站，延揽有志之士对上金所发展中面临的重大问题开展战略性、前瞻性研究，也为中国黄金市场进一步发展培养、储备高级人才。工作站依托复旦大学博士后科研流动站丰富多样的理论研究资源，立足上金所市场实践，为博士后研究人员提供全面了解中国金融市场、深刻理解中国黄金市场以及深入研究黄金市场前沿问题的机会。

　　为了展示和分享在站博士后的科研成果，我们推出《上海黄金交易所博士后工作站文库》丛书，编辑出版上海黄金交易所博士后的学术专著，涉及各金融要素市场如证券、期货、外汇、贵金属以及法律、计算机、信息工程等专业领域。本套丛书涵盖金融市场基础设施建设、金融机构公司治理、金融科技（FinTech）与金融市场发展、金融创新与投资者保护、人民币国际化与中国黄金市场发展、黄金定价机制问题、黄金市场风险管理、黄金市场法制体系建设等重大研究课题，旨在为黄金市场、金融市场的研究者和工作者提供交流平台，以阐发观点、启迪思想、开拓创新，为我国黄金市场、金融市场的建设提供有益的理论借鉴。

　　我们期待丛书的陆续出版能够引起社会各界的广泛关注，对我国黄金市场和金融市场的发展起到推动和促进作用。丛书的编写工作难免存在不足之处，还望海内外同仁同行批评指正，不胜感激之至。

2020 年 9 月

目录

第一章
导 论

第一节 研究背景及意义

自 2007 年 7 月开始，美联储连续下调联邦基金利率，并于 2008 年 12 月将联邦基金利率下调至 0 ~ 0.25% 历史低点。为应对金融市场的动荡和经济衰退，美联储推出了量化宽松等非常规货币政策，大量买入长期国债、机构债和住房抵押贷款债券（MBS），不断向金融市场注入流动性。由于美国在全球经济金融中占据主导地位，美元也是最主要的储备货币，美国量化宽松释放出来的流动性通过跨境资本流动传导到各个国家，从而给全球经济尤其是新兴经济体经济带来广泛的影响和冲击。

在量化宽松货币政策的推动下，大量跨境资本流入韩国、巴西等新兴经济体，导致这些国家货币升值，而实际汇率升值是金融危机最重要和显著的预测指标（Gourinchas 和 Obstfeld，2012）。如图 1.1 所示，大规模跨境资本流入还会导致资本接受国出现过度借贷、币种不匹配和期限不匹配等结构性问题。当资本接受国宏观基本面遭受冲击时，跨境资本发生逆转，从而加剧对资本接受国经济和金融市场的打击（例如 1997 年的亚洲金融危机）。为此，新兴经济体监管当局对跨境资本大规模流入采取宏观审慎管理，希望能够抑制大规模跨境资本流入。

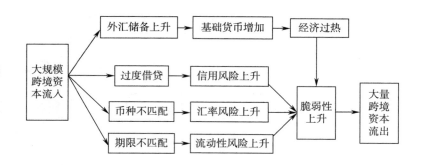

图 1.1　跨境资本流动对经济的影响

　　然而 2013 年，美联储主席伯南克在出席美国国会联合经济委员会听证会时表示，美联储最终会选择收紧货币政策。这被全球金融市场解读为美联储打算逐步退出量化宽松政策。随着市场预期转向，发达经济体基准利率回调，投资者调整其投资策略，将资金回撤至发达经济体相对安全的资产上来，新兴经济体出现跨境资本周期性流出。从流出的国家看，经济基本面较弱、债务负担较重、对外部融资依赖较大的新兴经济体首先受到影响；从流出形势看，流动性较高的证券投资遭遇大规模撤出，其次是银行信贷等其他投资，FDI 由于涉及投资者长期发展战略保持相对稳定。

　　发达经济体的量化宽松政策加剧了新兴经济体跨境资本流动的顺周期性，增加新兴经济体政策监管难度。一方面，危机爆发时，发达经济体央行的资金支持缓解了本国投资者的流动性危机，使其拥有更大的灵活性去处置流动性较差的新兴经济体投资，从而加剧了新兴经济体的资本外流；经济复苏时，充裕的流动性又导致流入新兴经济体的跨境资本成倍增长。另一方面，顺周期性的加剧导致新兴经济体政策陷入两难困境。在经济上行周期，若实施紧缩的货币政策控制通胀可能吸引更多的跨境资本流入，进一步推高通胀水平；在经济下行周期，若实施宽松的货币政策刺激经济可能加快资本外逃，加速衰退。

　　中国在国际金融危机后经历了跨境资本大规模流入到流入急停的转变。

2015 年 "8·11" 汇改后①甚至出现资本恐慌性流出，导致 2015 年末外汇储备较 2014 年减少近 5000 亿美元。中国监管当局随即采取了一系列宏观审慎政策以抑制跨境资本进一步流出。结合中国转轨制度背景，未来随着中国资本项目不断开放，无论是跨境资本流入还是跨境资本流出，其规模和波动性将不断提高。如何加强跨境资本流动双向监管，防止大规模跨境资本流入和流出对宏观经济和金融稳定的影响是摆在中国监管当局面前的重要课题。鉴于此，本书的研究具有重要的现实意义。

第二节　研究问题和研究发现

一、 研究问题

本书主要研究了两个问题：首先是跨境资本流动的影响因素，既有新兴经济体跨境资本流动面板数据分析，又有针对中国跨境资本流动的时间序列分析。其次是在明确了跨境资本流动影响因素之后，结合国际上跨境资本流动审慎监管案例研究，分析中国 2015 年在人民币贬值背景下跨境资本流出管理的效果，并提出中国跨境资本流动监管的政策建议。

二、 研究发现

对 32 个新兴经济体 1990 年第一季度至 2016 年第四季度面板数据的研

---

① 2015 年 8 月 11 日，中国人民银行公布对人民币中间价报价机制进行改革。做市商在每日银行间外汇市场开盘前，参考前一日银行间外汇市场收盘汇率，综合考虑外汇供求情况以及国际主要货币汇率变化向中国外汇交易中心提供中间价报价。人民币汇率定价机制变动导致人民币贬值预期急剧上升，人民币汇率连续两个工作日触及浮动区间下限后，2015 年 8 月 13 日中国人民银行中止了参考前一日收盘价确定当日中间价的汇改试验。2015 年 12 月 11 日，中国人民银行在中间价中进一步引入了"篮子货币"，并在 2016 年 5 月 8 日初步形成了以"收盘价 + 篮子货币"为基础的人民币汇率形成机制。2017 年 5 月 26 日，中国外汇交易中心确认在人民币对美元中间价报价机制中引入"逆周期因子"，新的定价机制为"中间价 = 前一日收盘价 + 一篮子货币汇率变化 + 逆周期因子"。

究发现，全球避险情绪和全球经济政策不确定对新兴经济体短期跨境资本流入有显著负影响，经济增长率差异和汇率变动对新兴经济体短期跨境资本流入有显著正影响。此外，通过引入联邦基金影子利率与经济增长率差异的交互项，研究美联储货币政策对新兴经济体短期跨境资本流动的影响。结果显示，美联储货币政策强化了新兴经济体短期跨境资本流动的顺周期性。鉴于此，首先，新兴经济体监管当局在管理本国跨境资本流动时需要格外注意汇率因素的影响，这一点在发达经济体样本中经常被忽略。其次，为避免全球经济政策不确定性上升带来的跨境资本流动冲击，新兴经济体应增强金融体系的弹性和风险承担能力。最后，密切监测美联储货币政策对跨境资本流动的影响。

面对全球金融冲击，本书进一步探讨汇率制度是否对新兴经济体跨境资本流动起到调节作用。研究发现，全球金融冲击影响新兴经济体短期跨境资本流入，但不同汇率制度存在系统性差异，相比于固定汇率制度和中间汇率制度，浮动汇率制度对新兴经济体跨境资本流入起到了自动稳定器作用。在全球金融冲击下，新兴经济体可以采取更为市场化的汇率制度来应对跨境资本流动的波动，研究结论为中国继续推动汇率制度市场化改革提供了有力证据。

对中国跨境资本流动影响因素的研究分别运用 1998 年第一季度至 2017 年第四季度中国国际收支平衡表季度数据和 2010 年 1 月至 2017 年 12 月银行代客结售汇数据进行分析。研究发现，全球因素对国际收支平衡表短期跨境资本流入有显著负影响，国内外经济增长率差异和汇率变动对国际收支平衡表短期跨境资本流入有显著正影响，而这些因素对短期跨境资本流出的解释力度较弱。银行代客结售汇数据显示，全球避险情绪对金融账户结汇有显著负影响，对金融账户售汇有显著正影响。利差对金融账户结汇有显著正影响，对金融账户售汇有显著负影响。汇率预期对金融账户结汇有显著正影响，对金融账户售汇有显著负影响。中国经济政策不确定性对金融账户结汇和售汇均有显著负影响。即全球避险情绪上升，金融账户结汇规模下降，金融账户售汇规模增加。利差缩小，金融账户结汇规模下降，金融账户售汇规模增加。预期人民币贬值，金融账户结汇规模下降，金融账户售汇规模增加。中国经济政策不确定性增加，金融账户结汇和售汇规模均下降。

分项来看，金融账户各项结售汇影响因素存在一些差异。直接投资结汇与售汇均不受全球避险情绪影响，但利差和汇率预期对其有显著正影响。证券投资结汇和其他投资结汇则不受人民币汇率预期的影响，但人民币汇率预期对证券投资售汇和其他投资售汇均有显著负影响。由此可见，直接投资结汇与售汇主要受国内拉力因素影响，证券投资结售汇和其他投资结售汇受到全球推力因素和国内拉力因素的双重影响。考虑惯性因素并不改变主要的研究结论。

在明确了新兴经济体和中国跨境资本流动影响因素之后，第六章主要分析2015年中国在人民币贬值背景下针对远期售汇征收风险准备金的跨境资本流出宏观审慎管理效果。研究发现，针对远期售汇交存外汇风险准备金有效抑制了远期售汇规模。事后来看，中国的跨境资本流动宏观审慎管理措施仅在短期内有效，征收风险准备金政策并没有改变市场上人民币汇率贬值预期，中国监管当局随后对外汇市场进行干预，并改革人民币汇率形成机制，通过引入逆周期调节因子等措施来引导汇率。

最后对新兴经济体国家韩国和巴西的跨境资本流动宏观审慎管理进行案例研究。研究显示，韩国限制银行外汇衍生品头寸的数量管理措施有效抑制了通过银行部门的跨境资本流入。采用合成控制法（Synthetic Control）对2009年至2013年流入巴西股票和债券市场的全球共同基金投资周度微观数据（EP-FR）研究发现，巴西针对非居民证券资本流入征税的短期政策并不能有效抑制巴西证券投资流入规模。

第三节　研究不足和本书框架

一、　研究不足

本书研究有以下两点不足：

一是本书没有从微观企业层面分析跨境资本流动。中国的非金融企业在跨境资本流动中扮演着重要角色。非金融企业不仅可以直接从境外银行贷款，或间接通过国内银行获得外国银行贷款，而且还可以通过境外发行外币债券的方式进行融资。自 2010 年以来，中国非金融企业的离岸债券余额大幅增长。鉴于大部分离岸债券均以美元计价，使非金融企业对美元利率和汇率的波动十分敏感，反映了其金融脆弱性的一面。本书研究主要运用国际收支平衡表数据，没有对微观企业层面的跨境资本流动进行详细分析。

二是本书仅对跨境资本流动管理效果进行案例研究，没有对跨境资本流动管理效果进行系统的评估与分析。IMF 通过跨境资本流动管理央行调查数据编制了跨境资本流动审慎管理指数，并研究跨境资本流动管理对汇率、杠杆率和金融脆弱性的效果。未来的研究可以进一步扩展指数，以便更全面地分析跨境资本流动管理的效果。

二、　本书框架

本书研究的结构安排如下：

第二章为跨境资本流动相关文献回顾。首先对跨境资本流动理论进行回顾。然后从跨境资本流动影响因素、跨境资本流动管理和中国跨境资本流动研究三个方面进行文献梳理与总结。其中，跨境资本流动影响因素的文献又进一步区分为跨境证券投资流动、跨境银行资本流动与资本流动特殊阶段（激增、突然中断、大幅流出与外逃）的不同影响因素。跨境资本流动管理文献主要从近期资本流动管理理念发展与资本流动管理政策效果两个方面进行回顾。中国跨境资本流动研究则包含三个方面的内容：一是中国跨境资本流动规模测算，二是中国跨境资本流动影响因素，三是中国跨境资本流动管理和效果。

第三章为全球跨境资本流动和中国跨境资本流动状况的描述。从跨境资本流入与跨境资本流出的规模、构成、波动性和持续性等多个方面分析全球跨境资本流动典型事实。中国方面，则从国际通行口径和宽口径两个方面对2010年至2017年的跨境资本流动情况进行详细分析。

第四章为新兴经济体跨境资本流动影响因素分析，对金融账户下其他投资和证券投资这两类短期资本流动分别检验其流入和流出两个方向的影响因素。此外，探讨浮动汇率制度是否在新兴经济体跨境资本流动中发挥自动稳定器作用。

第五章为中国跨境资本流动影响因素分析。分别从国际收支平衡表口径和银行代客结售汇口径实证检验中国跨境资本流动影响因素。

第六章分析中国跨境资本流动宏观审慎管理。在对中国的银行结售汇宏观审慎管理和外债宏观审慎管理进行简要介绍的基础上，实证分析2015年在人民币贬值背景下采取的针对远期售汇征收风险准备金的宏观审慎措施效果。

第七章为跨境资本流动管理国际经验研究。分别针对国际收支平衡表下的其他投资和证券投资流动，选取韩国和巴西政策实践作为案例。韩国的跨境资本流动管理政策旨在降低银行部门的外债，减少其他投资项下贷款流入，其政策工具为限制银行部门外汇衍生品头寸的数量管理措施，以及对银行非核心外币负债征税的价格管理措施。巴西的跨境资本流动管理政策旨在抑制跨境证券投资流入，政策工具为对非居民证券投资征税。通过检验韩国和巴西的政策效果，以期为包括中国在内的其他国家更好地管理跨境资本流动提供有益的经验。

第八章为本书研究总结并提出相应的政策建议。

第四节 基本概念

一、国际收支平衡表

国际收支平衡表按照复式记账原则编制，经常账户 + 资本与金融账户 + 净误差与遗漏 = 0。非储备性质的金融账户区分资产和负债，资产表明居民持有国外的资产变化，对应的是跨境资本流出；负债表明非居民持有的国内资产变化，对应的是跨境资本流入。国际收支平衡表主要包括经常账户、资本与金融账户以及净误差与遗漏。金融账户又分为非储备性质的金融账户和储备资产两个部分。非储备性质的金融账户细分为直接投资、证券投资、金融衍生工具和其他投资四项。直接投资细分为股权和关联企业债务；证券投资项下细分为股权投资和债券投资；其他投资项下细分为货币和存款、贷款和贸易信贷。

二、银行代客结售汇

银行代客结售汇主要反映企业和个人在实现上述跨境资金收付前后，卖给银行外汇（银行代客结汇）或从银行购买外汇（银行代客售汇）的数额。银行代客结售汇数据也区分为经常账户结售汇、资本和金融账户结售汇。其中，经常账户结售汇进一步区分为货物贸易、服务贸易、收益和经常转移结售汇；资本和金融账户结售汇进一步区分为直接投资、证券投资和其他投资结售汇。

银行代客结售汇与国际收支平衡表相关交易的统计口径存在差异。以银行代客结售汇数据中占比较大的货物贸易数据为例，进出口押汇、福费廷等与进出口贸易融资相关的结售汇交易计入货物贸易，属于经常账户银行代客结售汇，但是该交易却计入国际收支平衡表中金融账户下其他投资的贸易信贷项下①，属于金融账户交易，在比较国际收支平衡表金融账户与银行代客结售汇金融账户时，需明确上述统计差异。

三、银行代客涉外收付款

银行代客涉外收付款数据通过国际收支统计监测系统进行采集，主要反映境内企业（含证券、保险等非银行金融机构）、个人等通过银行办理的对外付款或收款（外汇或人民币）。

国际收支平衡表提供的数据可以用来分析中国较长期的跨境资本流动情况。国际收支平衡表数据的优点在于能够进行国际比较，历史数据涵盖区间较长，缺点为数据公布存在时滞。银行代客结售汇数据和银行代客收付汇数据因为是月度数据，可以用来分析中国短期跨境资本流动，其数据优势在于从微观主体的跨境行为出发，能够为政策制定者了解市场对于外币的供需以及市场参与主体的预期提供参考，缺点在于数据涵盖区间较短，国家外汇管理局仅公布了 2010 年之后的数据，无法进行国际比较。

四、跨境资本流动管理

开放经济条件下，一国短期跨境资本流动具有较为明显的顺周期性。当一国处于经济扩张阶段且增长速度相对于其他国家而言较快时，通常该国会出现国内利率水平上升和货币升值，从而吸引全球资本进入国内市场，进一步推动国内货币升值；大量跨境资本进入国内后投入证券市场和房地产市场，推升了

---

① 贸易信贷是指中国境内企业与境外企业间相互赊账，形成的对外预收/付款和应收/付账款，是境内外企业间的商业信用，不包括银行直接提供的贸易融资和银行提供的融资性担保。出口应收账款和进口预付款是贸易信贷资产，进口应付账款和出口预收款是贸易信贷负债，记录在国际收支平衡表金融账户的其他投资项下。贸易信贷两项资产（包括出口应收账款和进口预付款）上升，意味着境外企业对境内企业资金的占用，会扩大跨境资金流出，减少外汇储备增加。

资产价格，极易形成资产泡沫。而当一国经济体增速放缓甚至出现下跌趋势时，一般会出现国内利率下降和货币贬值，此时跨境资本会迅速离开，进一步加剧货币贬值，对国内资产的抛售又会加剧国内金融市场动荡，促使短期资本加速流出。

由于跨境资本流动的快进快出对国内金融市场和金融机构的资产负债表、流动性带来极大压力，有可能引发系统性风险，因此有必要对大规模跨境资本流动尤其是短期跨境资本流动进行管理。

跨境资本流动管理（Capital Flow Management，CFM）既包括资本管制，也包括跨境资本流动宏观审慎管理（Habermeier 等，2011；田拓，2011）。跨境资本流动管理框架将资本管制与资本流动宏观审慎管理很好地统一了起来（见图1.2）。

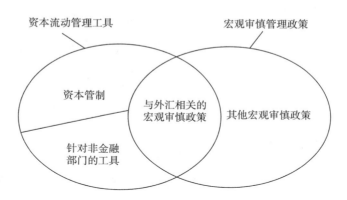

图1.2 跨境资本流动管理工具

资本管制主要指各国官方为限制资本账户交易以及与资本交易有关的资金支付和转移而制定的针对居民或者非居民的政策措施。按照不同的标准，资本管制可以划分为不同的类型：（1）按流向分为对资本流入的管制和对资本流出的管制。（2）按交易类型分为资本市场、信贷业务、直接投资、房地产交易、商业银行、机构投资者和个人资本交易七个项目管制。（3）按性质分为数量型和价格型资本管制。数量型资本管制指通过禁止、数量限制或行政审批限制交易或对跨境资金支付与转移设置障碍，例如禁止与贸易无关的货币互换、限制跨境借款及银行部门在公开市场上的外汇净头寸；对银行部门外汇负债设定限额；禁止国内居民跨境出售货币市场工具等。价格型资本管制措施通过提高资本流动的成本限制某项资本流动，包括对非居民跨境资本流动征税、对非居民存款征收无息准备金的隐性税收及其他价格型手段。

资本管制的合理性可以用"次优理论"来解释。资本管制的"次优性"主要体现在：第一，保护一国不成熟的金融市场。对于金融市场并不发达的国家而言，实施资本管制可以有效地规避来自国外的冲击，中国金融市场由于管制程度较高，受亚洲金融危机和国际金融危机冲击较小。第二，弥补一国宏观政策的失误。一旦一国货币政策和财政政策存在局部失灵，资本管制在应对跨境资本流动对本国金融市场的冲击方面会比较有效。第三，抵御跨境资本对一国金融体系潜在的系统性风险的冲击。跨境资本的大进大出，特别是短期资本的流入流出会使一国金融体系潜在的系统性风险迅速增大，采取资本管制可以适度地抵御短期跨境资本对金融系统稳定性的冲击。

宏观审慎政策框架形成于国际金融危机深化以后。2009 年初，国际清算银行（BIS）提出用宏观审慎性的概念来概括导致危机中"大而不能倒"、顺周期性、监管不足、标准不高等问题。这个概念开始并不是太流行，但后来慢慢为大家所接受，并逐步被二十国集团（G20）及其他国际组织采用。在 G20匹兹堡峰会上，最终形成的会议文件及其附件中开始正式引用了"宏观审慎管理"和"宏观审慎政策"的提法。在 G20 首尔峰会上，进一步形成了宏观审慎管理的基础性框架，包括最主要的监管以及宏观政策方面的内容，并已经得到了 G20 峰会的批准，要求 G20 各成员落实执行。

宏观审慎管理核心是从宏观、逆周期的视角采取措施，防范由金融体系顺周期波动和跨部门传染导致的系统性风险，维护货币和金融体系的稳定。宏观审慎管理是与微观审慎管理相对应的一个概念，是对微观审慎监管的升华。微观审慎管理更关注个体金融机构的安全与稳定，宏观审慎管理则更关注整个金融系统的稳定。宏观审慎性政策框架是一个动态发展的框架，其主要目标是维护金融稳定、防范系统性金融风险，其主要特征是建立逆周期性的政策体系，主要内容包括对银行的资本要求、流动性要求、杠杆率要求、拨备规则，对系统重要性机构的特别要求，会计标准和对衍生品交易的集中清算等。

跨境资本流动管理的工具大致可分为两类：一类是基于居民与非居民的资本管制（residence‑based），如对非居民的股票和债券投资课征税收（IOF）、对非居民存款实行无息准备金制度、对非居民购买央行票据征收一定的费用；另一类是以交易币种为基础的宏观审慎政策（currency‑based），这类工具通常包括对银行部门的外币非核心负债征税以及对外币存款实行无息准备金制度等。跨境资本流动宏观审慎管理措施与资本管制最大的区别在于不区分居民与非居民。

第二章
文献回顾

第一节　跨境资本流动理论

一、　流量理论

跨境资本流动流量理论基于资本流动与利率间的关系，流量理论表明，利率是跨境资本流动的主要决定因素，国与国之间的利差导致跨境资本流动。国内利率上升导致跨境资本流入增加，国外利率升高导致跨境资本流出。Meade（1951）提出了一个模型来解释流量理论：

净出口：$T = T(Y, e/P)$　　　　　　　　　　　　　　　　　　　　　（2.1）

其中，T 表示净出口，Y 表示总产出，e 表示汇率，P 表示价格水平。

资本流量：$F = F(i, i^*)$　　　　　　　　　　　　　　　　　　　　（2.2）

其中，F 表示资本流量净额，i 表示国内利率，i^* 表示国外利率。

国际收支：$BP = T + F = T(Y, e/P) + F(i, i^*)$　　　　　　　　　　（2.3）

该模型中，假设国外利率和汇率外生决定，给定国内产出和价格水平时，国内利率上升会改善国际收支。

Mundell（1960，1963）和 Fleming（1962）对流量理论进行拓展。Mundell（1960）认为，较高的国内利率会增加资本净流入或减少资本净流出；

Fleming（1962）进一步指出，相比于浮动汇率制，采取固定汇率制的国家其跨境资本流动对利率更敏感；Mundell（1963）放开流量模型汇率外生给定的假设，认为汇率也是影响跨境资本流动的主要因素。

对于流量理论最广泛的研究为跨境套利交易（Carry Trade）。套利交易指借低息货币投资于高息货币，套利交易能产生超额收益（Burnside 等，2011）。金融危机前，日本国内长期宽松的货币政策导致日元成为融资货币（Peltomaki，2008；Hattori 和 Shin，2008）。国际金融危机后，美国的量化宽松政策使得全球美元流动性充裕，美元融资成本保持在历史低位，美元成为新的全球融资货币。

二、 资产组合理论

资产组合理论认为除了利率等收益因素，对跨境资本流动的分析还应该考虑风险因素。Branson（1968）在 Markowitz（1952）的资产组合理论[①]基础上分析跨境资本流动，他认为国外支出（E）占财富存量（W）的比率是国内利率（i）、国外利率（i^*）、风险（R）和财富存量的函数，即

$$E/W = E(i - i^*, R, W) \tag{2.4}$$

该模型下，投资者依据各类资产的收益与风险来进行资产配置。跨境资本流动规模则取决于资产回报率、风险和投资者的财富存量。

Branson 模型假定风险（R）外生给定、不同国家投资者同质和不存在跨境投资障碍。然而由于普遍存在信息不对称、投资者异质性和跨境投资障碍，后来学者在 Branson 模型基础上放宽相应假定，提出了参数不确定模型、托宾 Q 理论和跨国投资障碍模型。

---

① Markowitz（1952）的资产组合理论将期望收益和风险纳入投资者的决策方程，文中用资产收益的方差度量风险，将组合总体方差分解为个体方差加权之和和个体间协方差之和两部分，并将风险区分为可分散的非系统性风险和不可分散的系统性风险。在均值—方差框架下，投资者寻找在给定期望收益时方差最小的组合，或是在给定方差时期望收益最大的组合。

三、 交易成本理论

与流量理论相比，交易成本理论认为，跨境资本流动不仅受国内外利差的影响，而且还受国内外交易成本的影响。如果国家之间的交易成本趋同，那么跨境资本的流向就取决于利差；如果利差很小，那么跨境资本的流向就取决于交易成本的差异。通过该模型可以解释 20 世纪 90 年代的跨境资本流动现象。例如，有些新兴经济体对国外投资者实施税收优惠，使得投资者的国际投资交易成本低于国内投资，从而吸引跨境资本流入；又如有些新兴经济体的投资由于政治经济不稳定或者金融市场不发达而导致交易成本上升，从而出现跨境资本外流甚至资本外逃（Kim，2000）。

交易成本理论说明了交易成本是影响跨境资本流动的重要因素。具体来说，交易成本主要包括信息获取成本、资产转移成本和管制成本等。但由于交易成本很难量化，因此难以进行实证检验。

第二节　跨境资本流动影响因素

在关于跨境资本流动的国内外文献中，一个重要分支就是厘清跨境资本流动的影响因素并比较其相对重要性。影响因素主要包括流入国之外的导致跨境资本流入的因素（推力，push factors）和流入国本国导致跨境资本流动的因素（拉力，pull factors）。对跨境资本流动影响因素的识别，有助于增强管理跨境资本流动政策的有效性。

一、 推力—引力框架

对跨境资本流动影响因素的研究开始于 20 世纪 90 年代初期。当时美国处于低利率与增长率下滑的宏观经济背景下，大量资本从美国流入拉丁美洲国家。Calvo 等（1993，1996）研究发现，全球因素（美国的低利率）是 1990

年至 1991 年大规模跨境资本流入拉丁美洲国家的主要因素。但 Fernandez—Arias（1996）观察到，1993 年美国利率提高后，拉丁美洲国家并没有出现显著的资本流出，由此可见美国之前的低利率并非拉丁美洲国家资本流入的唯一因素，国家自身的特征也影响跨境资本流动。由此，早期的研究形成了跨境资本流动国外因素（推力）和国内因素（引力）的实证研究框架。

2008 年国际金融危机爆发后，为应对金融市场动荡和经济衰退，美联储推出了量化宽松等非常规货币政策，大量买入长期国债、机构债和住房抵押贷款债券（MBS），不断向金融市场注入流动性。美联储扩张的货币政策，避免了金融市场崩溃，恢复了投资者的风险偏好，抑制了经济下行风险。但由于美国在全球经济金融中的主导地位以及美元的全球储备货币地位，美国量化宽松货币政策释放出来的流动性通过跨境资本流动传导到各个国家，给全球经济和国际金融市场造成广泛的影响和冲击。在量化宽松货币政策的推动下，国际资本涌入收益率相对高的新兴市场国家，推动了新兴市场货币升值以及资产价格高涨（Fratzscher 等，2012）。

在此背景下，基于国际金融危机后样本的研究发现，新兴经济体与发达经济体预期增长率之差和利差是影响新兴经济体净资本流入的主要因素，也就是说，跨境资本流入新兴经济体，分享新兴经济体相对于发达经济体的高经济增长率和高利率（Ahmed 和 Zlate，2014；IMF，2016）。发达经济体和新兴经济体的影响因素存在差异：对新兴经济体而言，全球风险偏好和美国经济增长率是最重要的推动因素，本国经济增长率是最重要的拉动因素；对发达经济体而言，美国经济增长率是最重要的推动因素，本国汇率变动率是最重要的拉动因素（张明和肖立晟，2014）。

国际因素被认为是国际金融危机后影响跨境资本流动的主要因素。新兴经济体资本总流入受全球共同因素影响，而全球共同因素与美国芝加哥交易所 S&P 500 隐含波动率（VIX）走势相似（Cerutti 等，2015a）。更进一步地，在发达经济体与新兴经济体全样本中，Nier 等（2014）以及张明和肖立晟

（2014）发现，VIX 对全球跨境资本流入具有非线性影响，即在全球高风险情况下，风险因素本身对跨境资本流动起主要作用；而当全球风险处于低位时，国家基本面因素发挥主要作用。

资本流动不同驱动因素的相对重要性取决于总资本流动类型、考察时期以及一国收入水平。总的来说，全球性推动因素对银行和证券等短期资本流动影响更显著，而国别性拉动因素对 FDI 等长期资本流动的影响更大（范小云等，2018）。

（一）按流入流出区分

跨境资本流动有流入与流出两个方向。绝大多数对跨境资本流动的研究均聚焦于对流入的研究，对跨境资本流出的影响因素研究较少。原因可能有以下两个方面：一是与跨境资本流入规模相比，跨境资本流出规模较小；二是实证研究并没有发现显著地影响跨境资本流出的因素。

对跨境资本流出的研究发现，跨境资本流出和资本流入具有同步性，资本流入规模增加的时期跨境资本流出的规模也逐渐增加，体现一个国家对国际金融市场的融入不断加深。同时，跨境资本流动与经济周期有关，并且表现出一定的顺周期性。即在本国经济扩张期，跨境资本大量流入国内金融市场，同时国内投资者大规模对外投资，跨境资本流入和跨境资本流出规模均增加；而在国内经济危机期间，国际投资者撤回在国内的投资，本国投资者也卖出国外资产取得流动性，跨境资本流入和跨境资本流出规模同时萎缩（Broner 等，2013）。

由于跨境资本流出与跨境资本流入具有同步性，新兴经济体和发达经济体增长率差异、全球避险情绪等影响资本流入的变量同样显著影响新兴经济体资本流出规模（IMF，2016）。

（二）按类别区分

跨境证券投资流动和跨境银行资本流动是跨境资本流动的重要组成部分，并且具有高波动性的特点。在数据方面，这两类资本流动除了国际收支平衡表数据，还有更为详细的国家间双边流动数据。丰富的数据为研究提供了额外的视角。

跨境证券投资流动：从研究数据看，跨境证券投资除了国际收支平衡表金融账户下的证券投资资产与负债项，国际货币基金组织的"协调证券投资调查数据"（Coordinated Portfolio Investment Survey，CPIS）为跨境证券投资提供了更为详细和具体的双边国家证券持有数据集。此外，跨境证券投资还有更高频的数据集"新兴市场投资基金研究数据（Emerging Portfolio Fund Research Dataset，EPFR），能够为短期跨境证券投资资本流动提供研究参考①。

从研究方法看，Portes 和 Rey（2005）受到研究国与国双边贸易影响因素的启发，开创了国与国之间金融资产交易的"引力模型"。即国家间的双边证券持有取决于资金来源国的金融市场规模、资金接受国的金融市场规模以及两国的地理距离。在引力模型基础上，大量文章通过实证发现影响双边国家金融资产流动与持有的其他变量，例如资金接受国机构质量（Papaioannou，2009）、资金来源国与资金接受国国内的金融市场发展状况（Forbes，2010；Muller 和 Uhde，2013）、金融市场开放度（Reinhardt 等，2013）、全球金融市场状况和地区变量（Shirota，2015）。Forbes（2010）对 2002 年至 2006 年美国对外资产和负债的国别明细数据研究显示，资金来源国国内金融市场的发达程度影响其对美国的投资，国内金融市场不发达的国家更倾向于投资美国，但这种效应随着人均收入的增长有所减缓；同时，与美国贸易往来频繁的国家更多地持有美国的股票和债券。

除了对国家经济和制度层面指标的考量，一些文献从文化层面进一步拓展跨境证券投资的影响因素。刘威和李炳（2016）将文化纳入改进后的引力模

---

① EPFR 包含超过 1600 只股票基金和超过 8000 只债券基金的资金流动日、周和月度数据，以及这些基金在每个国家管理的资产配置总量。需要注意的是，EPFR 只包括共同基金资金流动的数据，并不包含对冲基金、通过银行渠道的资金流动、外商直接投资或者其他非共同基金形式投资的资本流动数据。基于此，在运用这个数据库时，对于结果的解释需格外小心。

型，实证发现，文化差异越大的国家间跨境股权和债券投资规模越小，投资者总是倾向于投资文化相似的国家的金融产品，这可能源于熟悉效应（Familiar Effects）。

跨境银行资本流动：从数据来源看，国际清算银行（BIS）的"国际银行统计"（International Banking Statistics，IBS）数据是研究跨境银行资本流动最权威和详细的数据集。IBS 数据集进一步区分为区位银行统计数据（Locational banking statistics，LBS）和合并银行统计数据（Consolidated banking statistics，CBS）。在选择使用哪类数据进行研究前，首先需要明确各个数据集提供信息的口径差异。LBS 捕捉位于国际清算银行报告国的跨境银行债权和债务，包括跨国银行内部的头寸，并且具有分币种和分国别的明细数据。而 LBS 对报告国按照两种属性进行区分，一种是根据国别（Nationality）属性进行区分，另一种是根据居民（Residence）属性进行区分。举个例子来阐述两种区分下的差异，根据国别属性进行区分，美国银行中国上海分行对中国建设银行上海分行的贷款计入美国对中国的债权数据，但在根据居民属性进行区分的统计下，美国银行中国上海分行对中国建设银行上海分行的贷款则不计入美国对中国的债权数据。另外，LBS 不仅报告季度末的存量值，也提供经过汇率调整的季度变化值，后者在研究中被广泛使用。中国已于 2015 年底参加国际清算银行的国际银行业统计，并按照其要求按季度报送中国银行业的对外资产负债情况。

国际金融危机前的跨境银行资本流动规模激增导致全球流动性泛滥，2007 年至 2008 年全球避险情绪升高和金融市场波动增强导致跨境银行资本流动规模急剧减少（Herrmann 和 Mihaljek，2010）。随后美联储推出的量化宽松货币政策又使银行跨境资本流动规模攀升（Bremus 和 Fratzscher，2015）。量化宽松货币政策下全球流动性充裕使跨国银行能够以极低的利率获得融资资金，从而流向收益率高的全球其他地区，导致新兴经济体货币升值和资产价格膨胀（Baskaya 等，2017）。跨境银行资本流动向全球输出美联储等发达经济体的货币政策（Bruno 和 Shin，2015a；2015b）。

基于国际金融危机前样本的研究主要强调国内拉动因素对跨境银行资本流动的影响。国内拉动因素从利率、增长率经济变量拓展到政治和制度（Papaio-annou，2009）、监管政策（Houston 等，2012）等不同层面的影响因素。Papa-ioannou（2009）认为，发展中国家糟糕的制度阻碍发达经济体大量银行资本的流入，发展中国家需要显著提高自身制度水平才能有效吸引国外银行资本。Houston 等（2012）发现，银行倾向于把资金转移到监管较少的国家。除了以上国家层面的变量，Müller 和 Uhde（2013）将研究拓展至银行微观层面，研究显示，银行自身经营状况和财务状况是影响世界经合组织国家跨境银行贷款的主要因素。

鉴于金融危机的爆发对全球银行跨境资本流动产生显著影响，越来越多的文献关注国际金融危机后跨境银行资本流动影响因素的变化，推力因素重新被重视。Shirota（2015）运用贝叶斯动态因子模型对1991年第三季度至2012年第一季度70个报告国银行的全球金融资产的影响因素进行研究发现，全球因子和区域因子可以解释跨境银行资本流动波动的40%～50%，2000年之后全球因子的解释力度进一步加强。Bremus 和 Fratzscher（2015）和 Avdjiev 等（2016）均认为金融危机前后跨境银行资本流动的影响因素发生了结构性变化，结构性变化主要体现在国际金融危机后美国货币政策对跨境银行资本流动的影响力加大，全球风险因素在国际金融危机前后均发挥显著的影响。

（三）按阶段区分

对跨境资本流动的研究很重要的一点在于监测和防范极端跨境资本流动对宏观经济和金融系统的影响。极端跨境资本流动的研究首先聚焦于其定义。对极端跨境资本流动的衡量主要有两种方式：一是标准差方式，即一国资本流动的上升（下降）幅度在1年内达到该国资本流动样本均值的两个（或一个）标准差以上（Calvo 等，2004；Cavallo 和 Frankel，2008）；二是百分比方式，即资本流动的增加（减少）量超过 GDP 的一定百分比（Sula，2010；韩剑等，

2015）；也有学者综合这两种方式来界定（Guidotti 等，2004）。

除了衡量方式上的差异，极端资本流动又可以根据资本流动的方向作进一步区分，代表性研究为 Forbes 和 Warnock（2012）的研究文献。Forbes 和 Warnock（2012）将极端跨境资本流动区分为总资本流入的大规模增加（Surges）、总资本流入的急剧减少（Stops）、总资本流出的大规模增加（Flight）和总资本流出的急剧减少（Retrenchment）。

从影响因素上来看，Forbes 和 Warnock（2012）认为，相较于国际因素和传染效应，国内因素对极端资本流动的影响并不十分显著：全球风险对 Surges 和 Flight 有显著负向影响，对 Stop 和 Retrenchment 有显著正向影响；经济增长率对 Surges 有显著正向影响，对 Stop 和 Retrenchment 有显著负向影响；传染效应对 Stop 和 Retrenchment 尤为重要。而 Ghosh 等（2014）则认为，特定新兴经济体是否发生 Surges 与自身特征有关；外部融资需求、实际经济增长率、金融开放度、机构质量等因素均影响新兴经济体发生净资本流入激增的概率。两篇文献研究结论迥然不同的原因在于 Ghosh 等（2014）以净资本流动为切入点，而 Forbes 和 Warnock（2012）指出，净资本流动无法区分本国投资者和外国投资者的投资行为，需要关注总资本流动，从总流入和总流出的不同变化进行区分研究。在国际因素和国内因素框架下，董有德和谢钦骅（2015）拓展了汇率波动对新兴经济体极端跨境资本流动的影响。而韩剑等（2015）发现资本流入激增与突然中断总是一起发生，当某一时期发生资本流动激增时，该经济体发生资本流动中断的概率也显著提高。

二、 跨境资本流动管理工具的运用及效果

2008 年国际金融危机爆发后，资本账户未完全开放、对跨境资本流动进行管理的新兴经济体受国际金融危机的影响较小。国际货币基金组织 2011 年 4 月发布的会议纪要改变了以往对跨境资本流动管理的否定态度，认为在面临大规模跨境资本流动时可以实施资本管理措施加以应对，并积极总结和推广跨

境资本流动管理的成功经验，跨境资本流动管理重新成为学者和政策制定者关注的热点。

（一）跨境资本流动管理框架

IMF 提出的跨境资本流动管理框架，尤其是以币种为基础的宏观审慎管理政策，在控制银行为中介的资本流入激增方面具有显著的效果。这些以币种为基础的宏观审慎管理政策工具限制银行的资产、负债和资本等各个方面，在减少银行资产或负债间币种及期限的错配而积累的金融风险方面发挥了积极作用。从一些新兴经济体的具体实践来看，宏观审慎政策框架下的跨境资本流入管理包括：利用杠杆率上限规定，限制银行持有的外币衍生品合同名义价值；对银行的非核心外币负债征税，尤其是非核心短期外币负债；对银行外币存款实行边际准备金政策（见表 2.1）。

表 2.1　　　　　　　　　　跨境资本流动宏观审慎管理工具

资产类	负债类	资本类	市场类
外币贷款价值比上限	非核心外币存款征税	外汇贷款资本金要求	短期资本流动征税
外汇流动性覆盖率	外债收入比上限	外汇逆周期资本缓冲	外汇交易税
外汇净稳定融资比率	无息准备金	外汇贷款超额留存	收益所得税
外汇流动性比率	核心外债依存度	外汇杠杆率	外汇交易保证金
外汇贷款拨备率	跨境融资宏观审慎管理		银行间外汇市场交易手续费
外汇贷款集中度	对非居民境内人民币存款征收存款准备金		结售汇头寸限额管理
外汇流动性缺口			外汇衍生品风险准备
外汇贷款损失准备			外汇风险敞口管理

资料来源：《2017·径山报告》分报告《中国的跨境资本流动管理》。

IMF（2011a，2011b）设计的资本流动管理框架主要关注资本流入，流出管理不是重点。国内企业走出去、外商撤回投资、国内投资者跨国分散投资组合都会引起资本流出，这是经济金融开放的正常现象，对此无须加以抑制。但突然的大规模资本流出会影响本币汇率，给国内金融稳定带来严峻挑战，需要采取一定的措施管理流出规模与流出速度。

资本流出管理的必要性可以用"货币外部性"来解释（Korinek 和 Sandri，2016）。当不利的外生冲击引起总资本流出时，面临外债偿还压力的本国居民在外汇市场上抛售本币资产，引起汇率和资产价格下跌。而汇率和资产价格下跌又通过资产负债表渠道抑制了本国居民的借款能力，从而降低了对本国商品与资产的需求，进一步加剧汇率和资产价格下跌。为避免汇率与资产价格下跌的恶性循环，新兴经济体必须对总资本流出进行限制。

对资本流出的管理应该具体分析导致资本流出的原因。如果是本币贬值预期引起的跨境资本流出，监管当局应允许汇率调整至新的均衡水平，调整过程中对外汇市场进行适当干预以防止汇率超调。如果是投资者对国内金融体系丧失信心导致资本外流，则应提供流动性支持，期间采取暂时的资本流出管理为国内实施金融体系改革提供时间。如果是国际风险厌恶上升或发达经济体货币政策紧缩导致资本流出，则应该适时地提高政策利率等（张春生，2016）。

一国实施资本流动管理措施主要是基于降低资本流动对国内金融稳定性的影响，但资本流动管理措施的影响往往具有溢出效应。资本流动溢出效应体现在两个方面：一方面是资产类别溢出效应，即宏观审慎政策不仅影响需要管理的目标资产类别资本流动，对其他资产类别资本流动也有显著影响（Ghosh 等，2014）；另一方面是区域溢出效应，即对本国实施资本流动管理会增加其他国家资本流动规模（Pasricha 等，2015；Beirne 和 Friedrich，2016）。

（二）案例研究

资本流动管理效果在不同国家间大不相同。早期如 Cárdenas 和 Barrera（1997）对哥伦比亚针对短期资本流动征收无息准备金的研究，以及 De Gregorio 等（2000）对智利针对短期资本流动征收无息准备金的研究均认为资本流动管理没有达到预期的效果。一些中东欧国家（如保加利亚、拉脱维亚以及罗马尼亚）在 2007 年底以后采取了提高准备金率和制定贷款上限等措施限制外币信贷规模，这些措施虽然在一定程度上限制了境内金融机构发放外币贷款的规模，但外资银行普遍采用由总部直接向中东欧国家的私人部门发放外币贷款的方式规避了这一监管措施（Bakker 和 Anne-Marie，2010）。

关于巴西对非居民证券投资征税的研究文献，研究结论存在差异。Forbes 等（2016）运用全球共同基金资本流动数据研究 2006 年至 2013 年巴西对跨境证券投资流入征税的效果，研究显示，基金经理在巴西对证券投资流入征税政策实施后立即减少了对巴西证券投资配置规模，导致巴西证券投资流入规模减少；同时，为了避免资本快进快出产生的税收成本，基金经理们延长了持有巴西境内证券的期限。但 Jinjarak 等（2013）基于对基金经理的调研问卷却得出了不同的结论：基金经理的交易策略具有连贯性，不会对资本管理政策的变化作出剧烈反应，巴西旨在限制资本流入的政策并没有有效地减少流入巴西的跨境资金规模。Habermeier 等（2011）则观察到当巴西 2010 年对债券投资征收 6% 托宾税之后，巴西的外商直接投资流入规模显著增多，作者推测投资者通过 FDI 来规避债券投资流入征税的限制。Da Silva 和 Harris（2012）认为，巴西采取针对非居民证券投资流入征税措施后（IOF），证券投资流入数量还是有所增加，但在一定程度上延长了资金在国内停留的期限。

2009 年巴西投资者通过外汇衍生品对雷亚尔汇率进行投机，加剧了雷亚尔的汇率波动，而银行作为投资者的对手方助长了投资者对雷亚尔升值趋势的投机，汇率的大幅波动不利于金融稳定和经济发展。为了抑制雷亚尔的快速升值，2011 年 1 月，巴西监管当局对银行外汇衍生品名义价值征收 60% 的高额无息准备金，征收基数为银行外汇衍生品空头头寸超过 30 亿美元部分和一级资本两者中的较小者，2010 年 7 月征收基数调整为银行外汇衍生品空头头寸超过 10 亿美元部分和一级资本两者中的较小者。对银行外汇衍生品征收无息准备金，增加银行提供外汇衍生品的成本，银行为了成本转移必然提高给客户的外汇衍生品报价，从而降低投资者做多雷亚尔汇率的利润预期，通过价格手段抑制市场过度投机。

评估巴西对外汇衍生品名义价值征税有效性的文献也没有得出一致结论。Moghadam 等（2011）认为，巴西对外汇衍生品名义价值征税的措施并没有显著减少非居民在外汇市场上的头寸，但 Chamon 和 Garcia（2014）认为，2010年对外汇衍生品名义价值征税的措施有效抑制了雷亚尔升值。

除了巴西，韩国在 2009 年至 2010 年也采取了一系列资本流动管理措施以应对大规模资本流入。Lim 等（2011）认为，韩国 2010 年采取的限制银行衍生品头寸的宏观审慎政策有效降低了资本流入导致的金融体系脆弱性，与国际金融危机前比较，2010 年政策实施后，韩国银行部门的短期外债规模平均下降了30%。Huh 和 An（2012）的研究发现，韩国监管当局对银行外汇衍生品头寸的限制措施显著地减少了银行的短期跨境贷款和国外投资者对韩国债券的投资，恢复对跨境债券投资征税以及对银行部门征收宏观审慎税政策则没有达到预期的效果。Bruno 和 Shin（2014）、Fritz 和 Prates（2014）均认为，韩国2010 年采取的宏观审慎措施显著地减少了跨境银行间贷款的规模。表 2.2 列示了以往文献对韩国和巴西资本流动管理效果的研究。

表2.2　　　　　　　　　韩国和巴西资本流动管理效果

国家	文献	研究的工具	研究方法	研究发现
韩国	Lim 等（2011）	限制银行衍生品头寸	案例研究	韩国 2010 年采取的限制银行衍生品头寸的宏观审慎政策有效降低了由于资本流入导致的金融体系脆弱性，与国际金融危机前比较，2010 年政策实施后，韩国银行部门的短期外债规模平均下降了30%。
	Huh 和 An（2012）	限制银行衍生品头寸；恢复对跨境债券投资征税；对银行部门征收宏观审慎税	时间序列分析	韩国监管当局对银行外汇衍生品头寸的限制措施显著地减少了银行的短期跨境贷款和国外投资者对韩国债券的投资；恢复对跨境债券投资征税以及对银行部门征收宏观审慎税则没有达到预期的效果。

续表

国家	文献	研究的工具	研究方法	研究发现
韩国	Bruno 和 Shin（2014）		面板数据分析	与其他国家相比，韩国 2010 年采取的宏观审慎措施显著地减少了跨境银行间贷款规模。
	Fritz 和 Prates（2014）	限制银行衍生品头寸	案例研究	韩国针对银行部门采取的宏观审慎措施减少了通过银行借贷渠道的跨境资本流入。
巴西	Moghadam（2011）		案例研究	巴西在 2009 年 10 月至 2012 年 12 月采取的资本流动管理措施改变了资本流入的期限，使资本流入从短期转向长期；同时，巴西的资本管理措施降低了雷亚尔汇率的波动，增强了国内货币政策的自主性。
	Da Silva 和 Harris（2012）		案例研究	巴西央行在后量化宽松时期采取的一系列宏观审慎措施是有效的。
	Chamon 和 Garcia（2014）	外汇衍生品名义价值征税	事件研究	巴西 2010 年中对外汇衍生品名义价值征税的措施有效地抑制了雷亚尔升值。
	Fritz 和 Prates（2014）		案例研究	巴西对外汇衍生品市场的管理措施是有效的。
	Forbes 等（2016）	对证券投资流入征税	倾向性得分匹配	巴西对证券投资流入征税的资本管制措施有效地减少了证券投资流入规模，并延长了证券投资流入的期限。

资料来源：作者整理。

谈俊（2018）详细阐述了托宾税在跨境资本流动管理中的重要作用。实践中，智利、泰国、马来西亚等新兴经济体曾推行过不同形式的托宾税，一个共同之处是托宾税改变了跨境资本流动的期限结构，短期跨境资本流动规模有所下降，中长期跨境资本流动规模变化不大甚至有所上升，总体上提高了国内金融体系的稳定性（见表2.3）。

表2.3 类托宾税等价格型工具的国际实践

国家	政策工具	政策目标	调控对象	具体内容	实施效果
智利	无息准备金	应对资本流入	外国贷款（除贸易信贷）、美国存托凭证、银行外币存款、投机性外国直接投资	1991—1998年智利逐步对除贸易信贷以外的所有外国贷款、银行外币存款、二级市场交易额美国存托凭证、投机性外国直接投资等征收无偿准备金，准备金率从最初的20%提高到30%，缴存期限由最初的90天至1年逐步统一为1年，缴存方式由最初的无限制调整为币种仅限美元。形势发生改变后，智利逐步调整无息准备金至零，并不断放宽缴存范围。2001年取消征收。	短期跨境资本流入规模下降，改善了资本流入结构，国内较国外保持了稳定的正利差，为独立的货币政策创造了较大空间。
马来西亚	累进特别费	应对资本流出	利润汇出、证券投资	1998年9月，马来西亚政府开始对利润汇出征收托宾税。1999年对证券投资流出的外汇兑换环节征收特别费，投资期限越长，费率越低。	较好地抑制了资本流出，特别是短期跨境资本流出，减轻了汇率压力，促进了金融体系稳定。
泰国	无息准备金	应对资本流入	外国直接投资、境外借款	2006年12月，泰国宣布实施无息准备金制度，规定境外借款由金融机构预留30%作为准备金，一年后返还，外国直接投资也适用这一规定。	政策出台后金融市场波动剧烈，股市、汇市大跌，政府被迫缩小无息准备金适用范围，最终以失败告终。
巴西	金融交易税	应对资本流入	外国投资者证券投资、债券投资	2009年10月，对投资本国股票和债券市场的外国投资者征收2%的预提税。2010年，上调债券投资税率至6%、股票基金投资税率至4%。后又逐步取消该税征收。	有效抑制了短期证券投资资本流入规模。
印度尼西亚	外币存款准备金	应对资本流入	外币存款	2010年，印度尼西亚将外币存款准备金从1%提高至8%（同期本币存款准备金从5%提高至8%），并于2011年提高存贷比大于100%的银行的准备金要求。	—

续表

国家	政策工具	政策目标	调控对象	具体内容	实施效果
韩国	征收预扣税	应对资本流入	外国投资者债券投资	2011 年 1 月，为了抑制外国投资者对韩国国债的投资增长，对外国投资者债券投资的利息收入征收 15.4% 的预扣税。	缓解了短期资本流入压力，短期外债占比明显下降。
	宏观审慎税	应对资本流入	银行非存款外币负债	2011 年 8 月，对国内和国外银行持有的非存款外币负债征税：持有期限 1 年以下税率为 0.2%；1 年至 3 年税率为 0.1%；3 年至 5 年税率为 0.05%；5 年以上税率为 0.02%。	
土耳其	无息准备金	应对资本流入	银行缴存准备金	停止对准备金支付利息，大幅提高准备金率，创新推出准备金选择机制，银行可以用外汇或者黄金来代替土耳其里拉作为准备金。土耳其央行通过改变准备金选择系数，改变持有外汇或黄金的成本。	外汇储备显著增加。
西班牙	无息准备金	应对资本流出	本币净卖出头寸	对本币净卖出头寸征收 100%、期限 1 年的准备金。	未能完全阻止本币贬值。

资料来源：国家外汇管理局江苏省分局资本项目处课题组《跨境资本流动的价格型宏观审慎管理工具研究》第 30 页。

（三）跨国面板研究

除了案例研究，跨国面板数据研究能为资本流动管理提供更广泛的证据和参考意义。Ostry 等（2012）评估国际金融危机前新兴经济体资本管制与宏观审慎政策对外债结构与危机抵御能力的影响。研究发现：外汇相关的审慎管理措施和针对金融机构的资本管制措施与较低的银行外汇贷款占比、较低的外债中跨境债券占比密切相关，其他审慎措施能够抑制国内的信贷繁荣；国际金融危机的经验显示，采取审慎措施和资本管制措施的国家在衰退期比没有采取相关措施的国家更具抵抗力。Ghosh 等（2014）将样本拓展到国际金融危机后，运用 1995 年至 2012 年 31 个资本来源国和 76 个资本接受国的跨境银行数据，分析了资本流动管理措施对跨境银行资本流动规模的效果。研究发现，无论是资本来源国的资本流动管理措施还是资本接受国的跨境资本流动管理措施，均显著减少了跨境银行资本流动规模。Forbes 等（2015）则对资本流动管理效果持保留态度。作者研究了 2009 年至 2011 年发达经济体和新兴经济体资本流动管理政策的变化以及对外部脆弱性的影响。研究发现，资本流动管理政策变化对一国总资本流动规模、经常账户余额、名义和实际汇率等关键变量均没有显著影响。Korinek 和 Sandri（2016）通过模型分析发现，无论是资本流动宏观审慎管理还是资本管制，均能够降低国家发生危机的概率，资本流动宏观审慎管理通过影响总资本流动发挥作用，而资本管制则通过净资本流动达到效果。但 Beirne 和 Friedrich（2016）认为，资本流动管理效果的有效发挥依赖于本国金融市场结构，作者通过对 75 个国家 1999 年至 2012 年宏观审慎政策降低银行渠道跨境资本流动规模的效果进行实证检验后发现：宏观审慎政策效果对银行跨境资本流动的效果取决于银行部门结构[①]。

第三节　中国跨境资本流动研究

目前国内对跨境资本流动的研究主要有三类：第一类是测算中国跨境资本流动规模；第二类是研究跨境资本流动的影响因素，例如汇率升值预期、利差与资产价格预期等；第三类是跨境资本流动的管理及效果。

一、 规模测算向月度频率演变

国际收支平衡表是全球测算跨境资本流动的通用方式，以往文献基于国际收支平衡表的相关项目间接测算中国的短期跨境资本流动。间接法测算主要有两个思路：一个是用外汇占款增量作相应扣减（张明，2011；吕光明和徐曼，

---

① 银行部门结构指本国银行与外资银行在国内银行部门中的业务占比。

2012；张明和谭小芬，2013；赵进文和张敬思，2013；吴丽华和傅广敏，2014），另一个是用外汇储备增量作相应扣减（国家外汇管理局，2011，2012）。关于扣减项的选择，一般认为，贸易顺差资本流动和直接投资资本流动是比较稳定的，因此间接法在测算时扣减这两项的资本流动。

由于中国目前不再实行强制结售汇制度，企业通过进出口获得的外汇不再对应于央行外汇储备规模的等量增加，也不再对应于金融机构外汇占款的等量增加，而是一部分选择结售汇从而形成金融机构外汇占款，如果金融机构将外汇卖给央行则进一步形成中国的外汇储备；另一部分外汇则不进行结售汇，出口商等境内机构和个人分散持有外汇，导致居民对外资产增加，即所谓的"藏汇于民"。在此背景下，以往基于外汇占款和外汇储备增量扣减相关项目测算方法的研究会低估中国跨境资本流动的规模。

此外，由于国际收支平衡表为季度数据，且在数据发布上存在时滞，而监管当局对更高频率的短期跨境资本流动监测需求不断上升。有鉴于此，越来越多的国内文献扩展跨境资本流动数据来源渠道，不再局限于国际收支平衡表数据，而是参照银行系统内更高频率的代客涉外收付数据和代客结售汇月度数据分析中国的跨境资本流动。

张明和匡可可（2015）基于银行代客结售汇和银行涉外收付月度数据对中国2010年至2014年的跨境资本流动进行了细致的分析。陈卫东和王有鑫（2016）在国际收支平衡表数据基础上结合银行代客结售汇、银行代客涉外收付款、EPFR等数据，对2015年我国跨境资本流出的渠道和规模进行了深入分析。

鉴于中国经济将处于稳步增长的新常态，从中长期看，中国跨境资本流动在规模、币种、动机和结构等方面都将出现一些新变化，数据的拓展为研究者和政策制定者更好地了解中国跨境资本流动的币种结构和主体提供了帮助。

二、　中国跨境资本流动影响因素

与国外对跨境资本流动影响因素的研究一致，中国跨境资本流动影响因素也着眼于增长率和资产收益等国内变量。基于 2005 年以前的样本，金中夏（2000）和刘立达（2007）认为中国的高经济增长吸引跨境资本流入，而利率的解释力度不强。随着 2005 年中国进行汇率制度改革以及 2006—2007 年股票市场的非理性发展，基于 2005 年以后的样本则发现除了良好的宏观经济形势，人民币预期升值率的变动和中国股票市场的发展吸引大量资本流入（王世华和何帆，2007）。张谊浩和沈晓华（2008）通过 Granger 因果模型检验 2005 年7 月至 2007 年 9 月人民币升值、股票价格上涨和热钱流入的关系，结果显示：人民币升值和上证综合指数上涨是热钱流入中国大陆的原因。赵文胜等（2011）则在利率、汇率和股票市场影响基础上，加入中国房地产市场对资本流入的影响，结果表明：短期国际资本流动对房价的反应程度最强，对汇率和利率的反应适度，对股市的反应较弱。随着中国汇率改革的不断推进，以及持续的人民币单边升值预期，汇率因素重新成为影响跨境资本流动的主要变量（方先明等，2011；吕光明和徐曼，2012；张明和谭小芬，2013）。由此可见，中国各个阶段跨境资本流入主要的影响因素存在差异，国内不同类别资产价格上涨期都有跨境资本的身影。

随着 2008 年国际金融危机的爆发，后续的研究在人民币汇率中间价的波动、利差、国内外经济发展状况、人民币汇率预期变动的基础上，考虑国际市场美元流动性状况和发达经济体货币政策对中国短期跨境资本流动波动的影响（田拓和马勇，2013）。

虽然以往中国跨境资本流动因素的研究文献在样本区间上有所差异，研究方法各有不同，但结论有一定的相似性，即中国短期跨境资本流动受到资产价格、利率和汇率预期的影响，具有一定的投机性，且汇率因素对中国的跨境资本流动具有较强的解释力。

三、 跨境资本流动管理效果的争论

早期对中国跨境资本流动管理效果的研究从检验中国和美国的利率平价是否成立入手，认为只要观察到持续的利率平价不成立，则认为中国的资本管制是有效的。代表性研究为金荦和李子奈（2005）以及白晓燕和王培杰（2008）。金荦和李子奈（2005）以及白晓燕和王培杰（2008）认为，境内外美元利差的持续存在和未抛补利率平价偏差的非平稳性证明中国的资本管制基本有效。

而苟琴等（2012）和刘莉亚等（2013）的研究认为，中国的跨境资本流动管理效果依赖于利率变化、汇率预期和国内产出冲击。具体地，苟琴等（2012）从资本管制是否降低短期资本对利差和汇率预期变化的敏感性来检验资本管制的有效性，通过引入资本管理强度指标与利差和汇率预期的交叉项，研究发现，短期资本对利差和汇率预期变化的敏感性随资本管制强度提高而降低，这种敏感性的降低反映了资本管制对短期资本流动控制的有效性；同时，短期资本对利差的敏感性受到资本管制的影响要弱于短期资本对汇率预期变动的敏感性受到资本管制的影响。进一步，刘莉亚等（2013）发现，资本管制的效果依赖于其对国内产出冲击的影响，当资本管制加剧国内产出冲击波动时，资本管制将无法改变国际资本总流动；此外，资本管制基本不能影响由外国投资者驱动的国际资本总流入，仅在部分情况下可以影响由本国投资者驱动的国际资本总流出。孙国峰和李文喆（2017）认为，2015 年中国人民银行对跨境资本流出的宏观审慎管理措施在实践中取得了较好的效果：离岸人民币流动性阶段性收紧，投机操作有所收敛；银行代客远期售汇签约额和人民币购售金额回归正常水平，但文章没有进行实证研究。

总体而言，由于中国的资本账户正处于不断开放的过程之中，中国资本账户没有完全开放的属性使得中国的跨境资本流动管理相对于资本账户完全开放的国家更具有可操作性，管理也取得了积极和正面的效果。但是，以往对中国

跨境资本流动管理效果的研究存在两个方面的不足：第一，由于中国经历了数十年跨境资本净流入，以往文献对中国跨境资本流动管理的研究主要关注中国跨境资本流入的管理，对中国跨境资本流出管理的研究较少，而中国的跨境资本流动经历了"经常账户和金融账户双顺差"向"经常账户顺差和金融账户逆差"的转变，对跨境资本流出的管理需要进一步拓展研究。第二，随着中国不断开放资本账户，对开放后的各个账户跨境资本流动管理与目前的管理在方式和工具上可能存在较大差异，借鉴资本账户开放国家的跨境资本流动管理经验可以为中国资本账户逐步开放过程中更好地管理跨境资本流动提供经验借鉴，国际经验研究能使中国的资本账户开放过程更稳健。

第三章
全球和中国跨境资本流动典型事实

本章描述全球金融账户资本流动状况，对金融账户下资本流动各个子项进行具体分析。进一步地，将样本国家区分为新兴经济体和发达经济体，分别描述其金融账户资本流动的构成情况并进行比较。

对资本流动总量及构成的描述可以让我们对全球跨境资本流动有一个时间趋势上的直观认识，为下一章研究跨境资本流动影响因素奠定基础。

第一节　全球跨境资本流动典型事实

本节中数据期间为 1990 年至 2016 年，数据来源于国际货币基金组织国际收支平衡表数据库（BOPS）。样本国家为 83 个，其中，新兴经济体和发达经济体的分类根据 IMF 2017 年 4 月世界经济展望对样本国家的分类。

新兴经济体（53）：阿尔巴尼亚、安哥拉、阿根廷、亚美尼亚、阿塞拜疆、孟加拉国、白俄罗斯、博茨瓦纳、巴西、保加利亚、智利、中国、哥斯达黎加、克罗地亚、捷克共和国、多米尼加共和国、埃及、格鲁吉亚、加纳、危地马拉、匈牙利、印度、印度尼西亚、哈萨克斯坦、肯尼亚、科威特、吉尔吉斯斯坦、老挝、马来西亚、毛里求斯、墨西哥、摩尔多瓦、蒙古国、摩洛哥、尼日利亚、阿曼、巴基斯坦、巴拉圭、秘鲁、菲律宾、波兰、罗马尼亚、俄罗斯、沙特阿拉伯、南非、斯里兰卡、泰国、土耳其、乌干达、乌克兰、乌拉圭、委内瑞拉和越南。

发达经济体（30）：澳大利亚、奥地利、加拿大、塞浦路斯、丹麦、爱沙尼亚、芬兰、法国、德国、希腊、冰岛、以色列、意大利、日本、韩国、立陶宛、拉脱维亚、马耳他、荷兰、新西兰、挪威、葡萄牙、新加坡、西班牙、斯洛伐克、斯洛文尼亚、瑞典、瑞士、英国和美国。

文中跨境资本流动数据除以 GDP 去规模，各个国家 GDP 数据来源于 IMF 国际金融统计数据库（IFS）。本节中根据年份求样本国家跨境资本流入和跨境资本流出的中位数来描述全球跨境资本流动特征。新兴经济体跨境资本流动和发达经济体跨境资本流动也是按照年份求相应样本国家的中位数。各个年份求中位数而不是平均值是为了避免异常值对结果的影响。

一、 全球跨境资本流动规模较国际金融危机前显著下降

全球跨境资本流入规模从 1990 年约占 GDP 的 2% 逐步攀升至 2007 年的 12%，随着国际金融危机的爆发，2009 年全球跨境资本流入规模急剧下跌至 GDP 的 4%。2010 年至 2014 年，全球跨境资本流入规模占 GDP 的 6% 左右，2015 年全球跨境资本流入规模再次下降，2016 年全球跨境资本流入规模占 GDP 的 3%，低于国际金融危机期间的水平。全球跨境资本流出规模与跨境资本流入呈现相同的趋势，从 1990 年约占 GDP 的 0.6% 上升至 2007 年的 6%，国际金融危机后全球跨境资本流出规模在 2% 附近震荡（见图 3.1）。由此可见，全球跨境资本流动具有一定的周期性，且跨境资本流入规模大于跨境资本流出规模。

资本流动分项时间序列图显示（见图 3.2），1990 年至 2016 年，直接投资流入规模大于证券投资和其他投资。直接投资和其他投资流入在国际金融危机前达到历史高位，约占 GDP 的 5%，国际金融危机爆发后，其他投资和直接投资流入均出现急剧下滑。与直接投资和其他投资流入情况不同的是，证券投资流入虽然在 2008 年出现急剧下滑，但在 2010 年至 2014 年规模出现上升，体

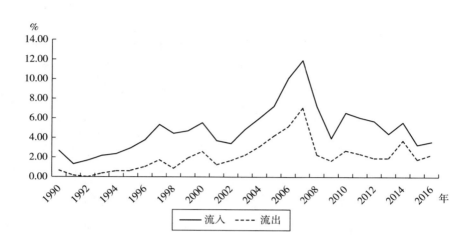

图 3.1　1990 年至 2016 年全球跨境资本流动规模（中位数）

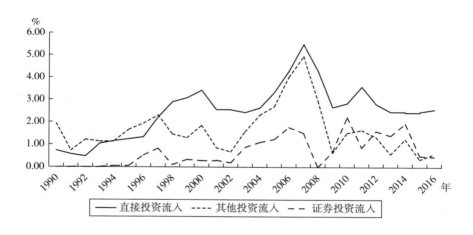

图 3.2　全球跨境资本流入（中位数）

现出全球证券市场一体化的趋势。

　　全球跨境资本流出分项则呈现出与跨境资本流入分项不同的构成。图 3.3
显示，其他投资流出规模远高于证券投资流出和直接投资流出。其他投资流出
在 2008 年国际金融危机后出现较大幅度下跌，从占 GDP 的 4.5% 减少至占
GDP 的 0.5%，危机后规模虽然有所恢复，但始终在占 GDP 的 1% 附近波动。

直接投资流出在国际金融危机期间没有出现明显下滑，国际金融危机后较危机前规模有所上升。证券投资流出规模较小，在占 GDP 的 0.5% 左右浮动。

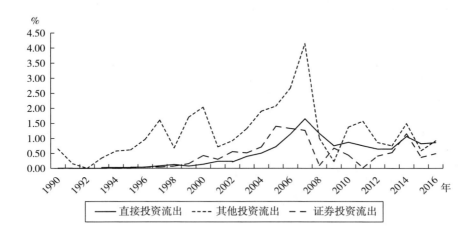

图 3.3　全球跨境资本流出（中位数）

图 3.4 和图 3.5 将样本国家区分为发达经济体和新兴经济体，分别描述其跨境资本流入各项和跨境资本流出各项的演变情况。

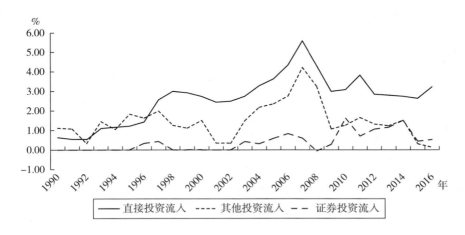

图 3.4　新兴经济体跨境资本流入（中位数）

新兴经济体跨境资本流入中直接投资流入规模大于其他投资和证券投资流入。直接投资流入在 1998 年亚洲金融危机期间没有受到影响，但在 2008 年国

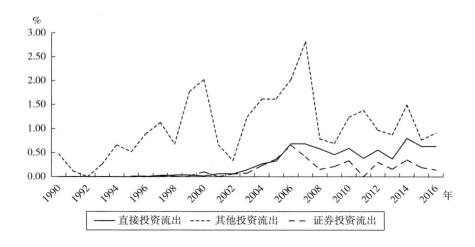

图 3.5　新兴经济体跨境资本流出（中位数）

际金融危机期间出现下跌，从 2007 年占 GDP 的 5.59% 峰值下降到 2009 年占 GDP 的 2.99%。其他投资流入在 1998 年亚洲金融危机期间也受到影响，规模出现下降。2002 年其他投资流入止跌回升，2007 年达到峰值，2008 年国际金融危机期间出现急剧下跌，具有较大的波动性。新兴经济体证券投资流入在国际金融危机前规模并不大，这可能与新兴经济体资本市场相对封闭有关。国际金融危机后，新兴经济体证券投资流入出现了上涨，美国等发达经济体实行量化宽松货币政策导致利率较低，而新兴经济体的收益率较高，从而吸引证券投资流入。

　　新兴经济体跨境资本流出中其他投资流出规模最大，波动性高。直接投资流出和证券投资流出在 2002 年之前规模很小，这与新兴经济体没有放开对外投资和金融市场有关。尤其是 2013 年之后，新兴经济体对外直接投资出现增长。

　　发达经济体的资本流入与新兴经济体各项的跨境资本流入情况相似（见图 3.6）。但发达经济体跨境资本流出与新兴经济体跨境资本流出存在较大差异（见图 3.7）。首先，发达经济体跨境资本流出以证券投资流出为主，2005

年证券投资流出规模占到 GDP 的 9.29%，2008 年国际金融危机爆发后，发达经济体的证券投资流出急剧下跌至 GDP 的 −0.37%，即发达经济体投资者大量赎回在其他国家的证券投资。其次，发达经济体其他投资流出规模高峰时占到 GDP 的 8.5%，在 2009 年出现逆转，规模占到 GDP 的 −2.92%。

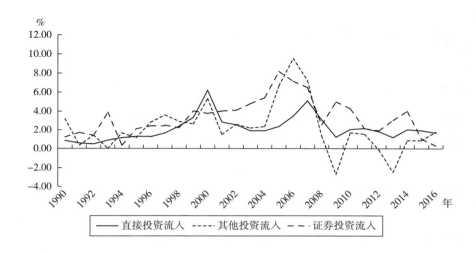

图 3.6　发达经济体资本流入（中位数）

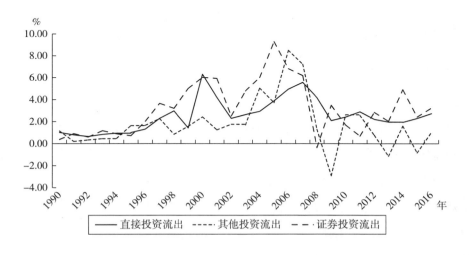

图 3.7　发达经济体资本流出（中位数）

二、 跨境资本流出波动性强于跨境资本流入

下面将从均值、标准差、变异系数和持续性等方面进一步分析全球跨境资本流动。对数据作如下处理：首先在年份序列上对各个组成部分求样本国家中位数，再将中位数时间序列数据分别计算均值、标准差和变异系数（＝标准差/均值）。持续性指标取面板数据固定效应自回归得到的系数值（stata 命令为 xtregar）。

表 3.1 显示，全球跨境资本流出各项变异系数大于跨境资本流入，即跨境资本流出较跨境资本流入波动性更强，跨境资本流入各项的持续性优于跨境资本流出。

表 3.1　　跨境资本流入和跨境资本流出的规模、波动性和持续性

投资类别		样本中位数均值	样本中位数标准差	样本中位数变异系数	样本中位数持续性
直接投资	资本流入	2.49	1.19	0.48	0.54
	资本流出	0.48	0.46	0.95	0.48
证券投资	资本流入	0.69	0.67	0.97	0.57
	资本流出	0.41	0.44	1.08	0.35
其他投资	资本流入	1.64	1.06	0.64	0.51
	资本流出	1.18	0.88	0.75	0.61

与上文一样，考虑到新兴经济体与发达经济体跨境资本流入与跨境资本流出的差异，将样本国家区分为新兴经济体和发达经济体分别计算其样本中位数的均值、标准差和变异系数（见表 3.2）。新兴经济体直接投资资本流入变异系数最小，直接投资资本流入最稳定，证券投资流入与流出变异系数较大，新兴经济体直接投资资本流出变异系数高于其他投资资本流出。与新兴经济体不同的是，发达经济体其他投资流入和流出的变异系数最大。

表 3.2　跨境资本流入和跨境资本流出规模、波动性和持续性：区分经济体

投资类别		新兴经济体			发达经济体		
		均值	标准差	变异系数	均值	标准差	变异系数
直接投资	资本流入	2.62	1.23	0.47	2.12	1.30	0.61
	资本流出	0.27	0.28	1.04	2.55	1.49	0.58
证券投资	资本流入	0.40	0.48	1.21	3.34	2.00	0.60
	资本流出	0.14	0.17	1.22	3.22	2.42	0.75
其他投资	资本流入	1.47	0.92	0.62	2.22	2.64	1.19
	资本流出	1.03	0.65	0.63	1.75	2.32	1.33

三、　跨境资本流入和跨境资本流出呈现同步性

除了波动性之外，越来越多的文献观察到跨境资本流入和跨境资本流出呈现同步性，即跨境资本流入规模增加伴随着跨境资本流出规模增加，跨境资本流入规模减小伴随着跨境资本流出规模减小（Broner 等，2013；Davis 和 Wincoop，2017）。样本期内全球经历了两次经济危机，分别是 1998 年亚洲金融危机和 2008 年国际金融危机。因此，将样本区间区分为 1990—2002 年、2003—2016 年两个区间段，前者包含亚洲金融危机的影响，后者包含国际金融危机的影响。

表 3.3 显示，新兴经济体在 2003—2016 年时间段较 1990—2002 年时间段跨境资本流入和跨境资本流出相关系数出现明显增加，直接投资、证券投资和其他投资跨境资本流入和跨境资本流出的相关系数分别为 0.95、0.87 和 0.75。发达经济体在 2003—2016 年时间段较 1990—2002 年时间段证券投资和其他投资跨境资本流入和跨境资本流出的相关系数反而下降了。由此可见，与发达经济体不同，21 世纪以来，跨境资本流入与跨境资本流出呈现同步性。

表3.3　　　　　　　　跨境资本流入与跨境资本流出各项相关系数

时间段	全样本国家			新兴经济体			发达经济体		
	直接投资	证券投资	其他投资	直接投资	证券投资	其他投资	直接投资	证券投资	其他投资
1990—2002	0.09	-0.12	0.3	0.06	-0.35	0.14	0.77	0.36	0.93
2003—2016	0.95	0.86	0.73	0.95	0.87	0.75	0.84	0.14	0.67

第二节　2010—2017年中国跨境资本流动典型事实

近十年全球金融市场经历了剧烈波动：国际金融危机爆发后以美联储为首的发达经济体实施量化宽松货币政策、2011年爆发欧洲债务危机、2013年末市场上形成美联储的加息预期以及2015年美联储正式开启加息通道。在全球金融市场波动背景下，中国跨境资本流动经历了从流入向流出的频繁转变：2010年至2011年上半年大规模跨境资本净流入中国；2011年第四季度至2012年第三季度，随着欧洲主权债务危机不断发酵，中国跨境资本从净流入转变为净流出；2013年第一季度至2014年第一季度，跨境资本恢复净流入，2014年第二季度开始跨境资本流入态势减弱并逐步变成净流出，在美联储加息预期不断升级以及中国经济增长放缓的背景下，跨境资本持续流出中国。本部分采用国际通行口径和宽口径两种方法分析我国2010年至2017年末的跨境资本流动状况。

国际收支平衡表、涉外收付和结售汇这三组数据从交易、划转到兑换环节，涵盖了跨境资金流动的全过程，可以多维度地监测跨境资本流动情况。其中，国际收支平衡表按照权责发生制、有借必有贷的原则从交易角度记录了我国居民与非居民之间的所有经贸往来；涉外收付和结售汇统计按照收付实现制原则从资金流角度反映我国涉外经济活动，前者体现为资金在境内外之间的划拨，后者体现为资金在外汇和人民币之间的转换。涉外收付和结售汇均可按一定的原则，反映到国际收支平衡表的资本和金融项目下，国际收支、涉外收付和结售汇的最终结果也都体现为交易引起的外汇储备变动（剔除了汇率、资产价格变动等估值因素影响的外汇储备变动）（三者关系见图3.8）。

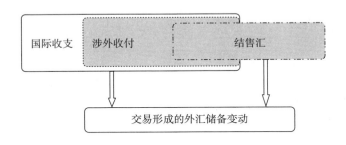

图 3.8　国际收支平衡表、涉外收付和结售汇数据关系

一、 国际通行口径的跨境资本流动

从净额上来看，中国金融账户跨境资本流动构成中，直接投资和证券投资资本流动较为稳定，其他投资资本流动规模大且波动较大（见图3.9）。考虑到其他投资资本流动净额无论在体量上还是波动上均较直接投资与证券投资大，需要对其他投资资本净额的构成情况进行详细分析。

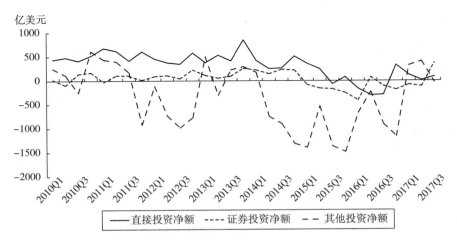

图 3.9　中国国际收支平衡表金融账户净额的构成

图 3.10 显示，贸易信贷净额波动较小且呈现明显的季节性变化。货币和存款净额与贷款净额波动大：2011 年第四季度和 2015 年第三季度，货币和存款流出高达 1000 亿美元；从 2014 年第二季度开始至 2017 年第一季度，贷款项为持续净流出。

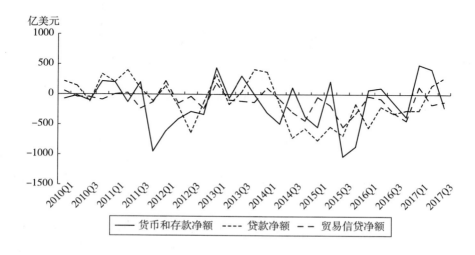

图 3.10　其他投资净额的构成

从货币与存款以及贷款的资产和负债方变动中，可以进一步分析其资本流动是由居民主导还是非居民主导。图 3.11 显示，自 2014 年下半年开始至 2016 年第一季度贷款净流出主要由非居民撤出贷款资金导致的。2010 年至 2017 年，贷款资产绝大多数时候为正，即本国居民对外贷款带来资本流出，但 2015 年第四季度和 2017 年第三季度例外。2015 年第四季度，由于中国境内人民币贬值预期高企，中国居民①从国外调回 375 亿美元资金来偿还国内外币借款。

2011 年第四季度至 2012 年上半年欧洲债务危机期间，不仅居民的货币与存款大规模资金流出，非居民也撤回在中国的货币与存款。这一现象在 2015

———————————

① 这里的居民是 resident 的概念，既包括个人，也包括企业，是国际收支表中的一个术语，与"非居民"对应。

年下半年又再次出现，即中国的居民对外进行存款转移，同时非居民撤回在中国的存款（见图3.12）。

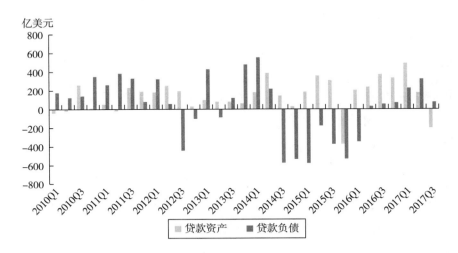

图3.11　中国国际收支平衡表其他投资项中贷款子项的变动

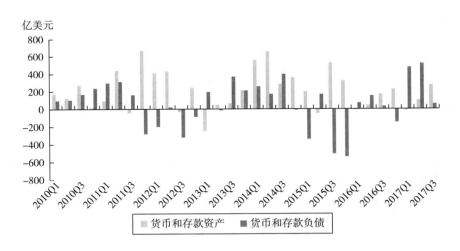

图3.12　中国国际收支平衡表其他投资项中货币与存款子项的变动

（数据来源：http://www.safe.gov.cn/）

二、 宽口径的跨境资本流动

（一）银行代客涉外收付基本情况

涉外收付数据通过国际收支统计监测系统进行采集，主要反映境内企业（含保险、证券等非银行金融机构）、个人等通过银行办理的对外收款或付款，既包括外币也包括人民币，称为银行代客涉外收付。

2010 年至 2014 年，银行代客涉外收入规模大于银行代客涉外支出规模。但 2015 年之后情况出现反转，银行代客涉外支出规模大于银行代客涉外收入规模。具体来看，2015 年全年银行代客涉外收入为 3.28 万亿美元，银行代客涉外支出为 3.48 万亿美元，全年银行代客涉外收支差额为 −2000 亿美元。此外，2015 年至 2017 年银行代客涉外收支总额占 GDP 的比重也出现下降，2017 年银行代客涉外收支总额占 GDP 的比重为 50.97%，较 2014 年的 62.92% 下降 12 个百分点。

表 3.4　　　　　　　　2010—2017 年银行代客涉外收支

项目	2010 年	2011 年	2012 年	2013 年	2014 年	2015 年	2016 年	2017 年
银行代客涉外收入（亿美元）	18666	23225	25754	29588	33140	32843	27909	29969
银行代客涉外支出（亿美元）	15830	20690	24804	27721	32826	34783	30962	31213
银行代客涉外收入/GDP（%）	30.44	30.47	30.07	30.69	31.61	29.91	25.08	24.96
银行代客涉外支出/GDP（%）	25.81	27.15	28.96	28.76	31.31	31.68	27.83	26.00
银行代客涉外收支总额/GDP（%）	56.25	57.62	59.04	59.45	62.92	61.59	52.91	50.97

数据来源：http://www.safe.gov.cn/。

2010 年至 2017 年银行代客涉外收支差额在 2015 年转变为涉外净支出，规模为 1940 亿美元，2016 年涉外净支出规模进一步扩大为 3053 亿美元。与此形成鲜明对比的是，2010 年和 2011 年涉外净收入为 2836 亿美元和 2535 亿美元。分项来看，2015 年经常账户涉外净支出 1225 亿美元，资本和金融账户涉外净支出 799 亿美元；2016 年经常账户涉外净支出 1243 亿美元，资本和金融账户涉外净支出 1907 亿美元，是 2015 年的 2.39 倍。

表 3.5　　　　　　　2010—2017 年银行代客涉外收支差额　　　　单位：亿美元

项目	2010 年	2011 年	2012 年	2013 年	2014 年	2015 年	2016 年	2017 年
涉外收支差额	2836	2535	950	1867	315	−1940	−3053	−1245
经常账户	1878	966	−267	350	−1175	−1225	−1243	−1622
货物贸易	2022	1478	660	1916	646	1278	1867	1629
服务	−157	−385	−658	−1068	−1337	−1647	−2026	−1873
初次收入和二次收入	13	−127	−269	−497	−483	−856	−1084	−1378
资本和金融账户	960	1570	1221	1480	1532	−799	−1907	264
直接投资	932	1259	988	1111	1037	−33	−1055	203
证券投资	41	62	94	84	258	−32	−488	−109
其他投资	−27	227	125	279	254	−737	−361	172

数据来源：http：//www.safe.gov.cn/。

从币种来看，2015 年以美元为币种的银行代客涉外净支出为 462 亿美元，以人民币为币种的银行代客涉外净收入为 503 亿美元，反映出在人民币贬值预期下境外人民币资金的回流。

表 3.6　　　　　　2010—2017 年分币种银行代客涉外收支差额　　　　单位：亿美元

项目	2010 年	2011 年	2012 年	2013 年	2014 年	2015 年	2016 年	2017 年
银行代客涉外收入	18666	23225	25754	29588	33140	32843	27909	29969
美元	16162	19492	20583	23100	23619	20616	20672	23048
人民币	95	1287	2951	4380	7296	10054	5532	5059
银行代客涉外支出	15830	20690	24804	27721	32826	34783	30962	31213
美元	12567	15736	18515	18944	20729	21078	18333	20746
人民币	493	1648	2965	5214	8302	9551	8626	6100
银行代客涉外收支差额	2836	2535	950	1867	315	−1940	−3053	−1245
美元	3595	3755	2068	4156	2890	−462	2339	2301
人民币	−399	−362	−14	−834	−1006	503	−3094	−1042

数据来源：http：//www.safe.gov.cn/。

（二）银行代客结售汇基本情况

银行代客结售汇主要反映企业和个人在实现上述跨境资金收付前后，将外汇卖给银行（称为银行代客结汇）或从银行购买（称为银行代客售汇）的数额。

2010 年至 2013 年，由于人民币升值预期以及外币利率处于低位，银行大量开发"人民币质押＋外汇贷款＋远期售汇"的"三合一"贷款或"人民币质押＋外汇贷款＋远期售汇＋外汇利率互换"的"四合一"贷款，为企业提供财务管理服务。尽管这些贷款大都不能结汇，但其替代了企业当期购买外汇，也造成了银行结售汇顺差"被增长"。

2015 年情况出现反转，银行代客售汇规模大于银行代客结汇规模（见表3.7）。具体来看，2015 年全年银行代客结汇为 1.55 万亿美元，银行代客售汇为 2.06 万亿美元，全年银行代客结售汇差额为 −5143 亿美元。此外，2015 年至 2017 年银行代客结售汇总额占 GDP 的比重也出现下降，2017 年银行代客结售汇总额占 GDP 的比重为 26.59％，较 2014 年的 33.72％下降了 7.13 个百分点。

表 3.7　　　　　　　　　2010—2017 年银行代客结售汇

项目	2010 年	2011 年	2012 年	2013 年	2014 年	2015 年	2016 年	2017 年
银行代客结汇（亿美元）	13305	15979	15693	18244	18456	15456	13295	15612
银行代客售汇（亿美元）	9328	12300	14587	14347	16892	20599	16490	16303
银行代客结售汇差额（亿美元）	3977	3678	1106	3897	1564	−5143	−3195	−690
银行代客结汇/GDP（％）	21.70	20.97	18.32	18.93	17.60	14.08	11.95	13.01
银行代客售汇/GDP（％）	15.21	16.14	17.03	14.88	16.11	18.76	14.82	13.58
银行代客结售汇总额/GDP（％）	36.90	37.10	35.36	33.81	33.72	32.83	26.77	26.59

数据来源：http://www.safe.gov.cn/。

从银行代客结售汇差额分项数据来看，银行代客结售汇差额从 2014 年的净结汇 1564 亿美元变成 2015 年的银行代客净售汇 5143 亿美元，2015 年的银行代客净售汇中，经常账户净售汇 3057 亿美元，资本和金融账户净售汇 2085 亿美元。其中，经常账户净售汇主要源于服务贸易净售汇；资本和金融账户净售汇主要源于其他投资净售汇。随着监管当局对跨境资本流动出台一系列监管措施，2016 年银行代客净售汇下降为 3195 亿美元，2017 年进一步下降为净售汇 690 亿美元（见表 3.8）。

表3.8　　　　　　　2010—2017 年银行代客结售汇差额　　　　单位：亿美元

项目	2010 年	2011 年	2012 年	2013 年	2014 年	2015 年	2016 年	2017 年
银行结售汇差额	3977	3678	1106	3897	1564	−5143	−3195	−690
经常账户	3463	3190	1069	3513	1801	−3057	−1436	−284
货物贸易	3319	3303	1869	4747	3481	−379	1776	2688
服务贸易	−173	−429	−856	−1245	−1725	−2472	−3138	−2507
收益和经常转移	317	317	56	11	45	−207	−74	−465
资本与金融账户	514	488	36	385	−237	−2085	−1760	−406
直接投资	838	984	639	837	647	−121	−306	−173
证券投资	130	30	56	145	−44	−132	−184	−25
其他投资	−453	−526	−658	−597	−841	−1833	−1269	−209

数据来源：http：//www.safe.gov.cn/。

从远期结售汇签约额来看，2015 年远期结售汇签约净额为 −1942 亿美元，即 2015 年远期净售汇签约 1942 亿美元，而 2014 年净结汇签约 561 亿美元。由此可见，随着人民币汇率预期由升值转变为贬值，以及美联储加息导致的境内外利差收窄，远期签约由净结汇向净售汇转变（见表3.9）。

表3.9　　　　　　　2010—2017 年远期结售汇签约额　　　　　单位：亿美元

项目	2010 年	2011 年	2012 年	2013 年	2014 年	2015 年	2016 年	2017 年
远期结汇签约额	1656	1913	1814	3521	3005	1318	703	1482
远期售汇签约额	1172	1958	1827	2200	2444	3260	1551	1743
远期结售汇签约净额	484	−45	−12	1321	561	−1942	−849	−260
远期结售汇签约总额	2827	3872	3641	5721	5450	4578	2254	3225

数据来源：http：//www.safe.gov.cn/。

（三）银行代客涉外收付和银行代客结售汇的基本分析

企业和个人等非银行部门在涉外收付和结售汇各环节的资本流动存在一定关联。企业和个人对涉外收入的外汇资金一般有四种主要去向，具体为当期将外汇卖给银行（银行代客结汇）、用于当期涉外支付、存放在银行形成银行外汇存款或者归还银行外汇贷款；涉外支付的外汇资金一般也有四种来源，具体为从银行买入外汇（银行代客售汇）、用当期涉外收入进行涉外支出、提取外汇存款进行支付、外汇贷款支付（见图3.13）。此外，企业和个人涉外收入和支付中有些是人民币资金。对比银行代客涉外收付和银行代客结售汇两组数据，能发现市场微观主体涉外收付和结售汇环节的行为变化，从而揭示跨境资本流动的内在动力。

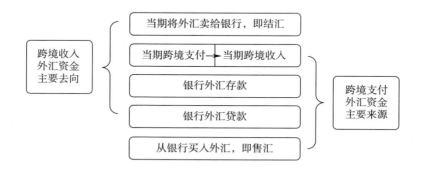

图3.13 涉外收入外汇资金主要去向及涉外支付外汇资金主要来源

图3.14显示，2010年至2014年第三季度，银行代客即期结售汇差额与银行代客涉外收支差额均为正，反映出外汇净流入中国；自2014年第四季度开始，银行代客即期结售汇差额由正转负，反映出外汇开始流出中国。尤其是

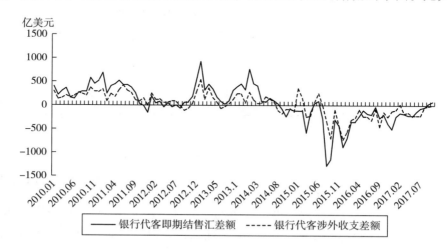

图3.14 银行代客即期结售汇差额与银行代客涉外收支差额

（数据来源：http：//www.safe.gov.cn/）

2015 年下半年，银行代客即期结售汇差额与银行代客涉外收支差额均变为负
值，进一步反映出市场对外汇的需求攀升。

　　另外，涉外收入结汇比和涉外支出售汇比可以用来判断市场参与者的结售
汇意愿（见表 3.10）。而市场参与者的结售汇意愿受到人民币汇率预期以及境
内外利差的影响（第五章第二节会对银行代客结售汇影响因素进行实证分
析）。由图 3.15 可以看出，2010 年至 2013 年，涉外收入结汇比均在 70% 左
右，2014 年以来，涉外收入结汇比大幅下降至 50% 左右，这说明随着人民币
升值预期逐渐转为贬值预期，居民与企业持有外汇收入的意愿逐步上升。涉外
支出售汇比的变动趋势大致与涉外收入结汇比的变动趋势负相关。值得注意的
是，在 2015 年 8 月央行对人民币汇率机制改革之际，涉外支出售汇比高达
76.8%，反映出居民和企业对外汇的需求增加。

表 3.10　　　　　银行代客涉外收付和银行代客结售汇的比率指标

指标名称	计算公式	基本含义
涉外收入结汇比	银行代客结汇额/银行代客涉外收入	反映企业结汇意愿
涉外支出售汇比	银行代客售汇额/银行代客涉外支出额	反映企业售汇意愿

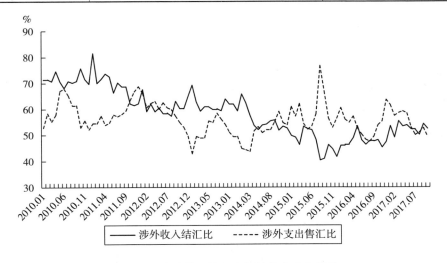

图 3.15　涉外收入结汇比与涉外支出售汇比

（数据来源：http://www.safe.gov.cn/）

第三节　小结

由本章对全球跨境资本流动的描述可知，全球跨境资本流动有如下典型事实：国际金融危机后全球跨境资本流动规模大幅下降，跨境资本流出波动高于跨境资本流入波动，跨境资本流入与跨境资本流出呈现同步性。从国际通行口径和宽口径对中国 2010 年至 2017 年的跨境资本流动状况分析显示：无论是国际收支平衡表数据、银行代客涉外收付款数据还是银行代客结售汇数据，均表明中国的跨境资本流动经历了从流入到流出的转变。未来研究中国跨境资本流动情况需要结合多维度数据，具体分析跨境资本流动的币种信息和结构信息，为更有效地进行跨境资本流动管理奠定基础。

第四章
新兴经济体短期跨境
资本流动影响因素分析

上一章分析了全球主要国家跨境资本流动的特征，并得出了全球资本流动具有明显的顺周期性，资本流入结构与资本流出结构存在显著差异等结论。在此背景下，本章第一节运用新兴经济体跨境资本流动面板数据，实证分析短期跨境资本流入与资本流出的影响因素。第二节则主要探讨汇率制度对新兴经济体跨境资本流动与全球金融冲击的调节作用。第三节通过实证分析证明了，汇率制度在面对全球金融冲击时所发挥的作用。

第一节　短期跨境资本流动影响因素

相较于直接投资等长期资本，证券投资和其他投资一般期限较短、波动性大，因此被视为短期跨境资本流动。短期跨境资本的快进快出对新兴经济体的国内金融稳定带来极大威胁，是监管当局的重点监测对象。鉴于此，此处主要关注短期跨境资本流动。

一、 变量选取

根据以往文献对跨境资本流动影响因素的研究，在实证中控制以下变量的影响：

（1）全球避险情绪（VIX）。当全球避险情绪较低时，投资者追逐收益，全球资金流向收益率高的资产；当全球避险情绪较高时，对收益的追逐让步于对风险的担忧，投资者更关注资金的安全性（Ahmed 和 Zlate，2014；Nier 等，2014；Cerutti 等，2015a；IMF，2016；肖立晟和张明，2014）。VIX 指数根据 S&P500 指数期权的隐含波动率计算得来。

（2）利差。利率作为资金的价格调节资金在不同大类资产中的配置。2008 年国际金融危机后美联储量化宽松政策以及随后各主要发达经济体的量化宽松政策显著降低了全球长期利率，新兴经济体与发达经济体在很长一段时期内存在较大的正利差，导致新兴经济体经历大规模跨境资本流入（Nier 等，2014；Byrne 和 Fiess，2016）。但随着美联储逐步退出量化宽松货币政策，新兴经济体与发达经济体的正利差逐步收窄，新兴经济体的跨境资本流入规模缩小甚至出现跨境资本流出（IMF，2016）。

（3）经济增长率差异（Dgrowth）。经济增长率决定投资的长期回报，经济发展迅速的国家投资机会更多，从而吸引大规模跨境资本流入（Albuquerque 等，2005；IMF，2011d）。国际金融危机后，发达经济体经济增长经历了萎缩到复苏的转变，新兴经济体经济增长相对于发达经济体不再具有吸引力，跨境资本流入新兴经济体规模缩小（IMF，2016；Hannan，2017）。

（4）汇率变动（Exg）。汇率从两个方面影响跨境资本流动：一方面，汇率变动影响跨境投资的收益（Magud 等，2014）；另一方面，本币汇率升值强化国内借款人的资产负债表，使其在国际市场上筹资能力增强，进而影响国际贷款者在选择贷款对象时的决策（Bruno 和 Shin，2014）。

（5）全球经济政策不确定性（Uncertainty）。Julio 和 Yook（2012）认为，全球不确定性显著影响跨境资本流动。由于经济政策不确定性难以有效度量，以往文献大多采用政治选举年份作为代理变量。由于国家选举的发生容易观测且不受经济因素影响，以选举为经济政策不确定性的代理变量可以很好地解决内生性问题。但是选举年份变量缺乏连续性和时变性，无法捕捉经济政策不确定性在非选举年份的变化，因此研究结果存在一定偏差。Baker 等（2016）运用文本分析法从新闻信息和专家报告中提取经济政策不确定性指数，并严格证明了指数的有效性。数据来源于 http：//www.policyuncertainty.com。该指数为月度数据，克服了以选举年份为代理变量的局限性（谭小芬等，2018）。为了与其他季度变量相匹配，将每个季末月份的经济政策不确定指数作为当季经济政策不确定性的衡量指标。

（6）资本账户开放度（Kaopen）。资本账户自由化程度高的国家往往具有更大规模的跨境资本流动。资本账户开放度数据来源于 Chinn 和 Ito（2008），数值越大表明越开放。

表 4.1 列出了变量名称、数据处理方法及数据来源。

表 4.1　　　　　　　　变量名称、数据处理方法及数据来源

变量名称	数据处理方法	数据来源
短期资本流动	证券投资和其他投资一般期限较短，波动较大，将证券投资和其他投资视为短期资本流动。除以 GDP 去规模，并取三个季度的移动平均值	国际货币基金组织国际收支平衡表（BOPS）数据库和国际金融统计（IFS）数据库
证券投资	除以 GDP 去规模，并且取三个季度移动平均值	
其他投资	除以 GDP 去规模，并且取三个季度移动平均值	
GDP 增长率差异（Dgrowth）	各个国家 GDP 与美国 GDP 差异	国际货币基金组织国际金融统计（IFS）数据库
利差（Dinterest）	各个国家货币市场利率与美国货币市场利差，IFS 数据缺失时用圣路易斯联储 3 个月市场利率补齐	国际货币基金组织金融统计（IFS）数据库和圣路易斯联储官方网站
各个国家货币与美元的汇率变动率（Exg）	数值为正代表本币相对于美元升值	国际货币基金组织国际金融统计（IFS）数据库
全球经济政策不确定性（Uncertainty）	数值越大表明全球经济政策不确定性越强	http：//www.policyuncertainty.com
资本账户开放度（Kaopen）	数值越大表明越开放	Chinn&Ito（2008）

综上所述，采用如下回归模型：

$$CF_{it} = \alpha_i + \beta_1 \cdot VIX_t + \beta_2 \cdot Dgrowth_{it-1} + \beta_3 \cdot Dinterest_{it-1}$$

$$+ \beta_4 \cdot Exg_{it-1} + \beta_5 \cdot Uncertainty_{it-1} + \beta_6 \cdot Kaopen_{it-1} + \varepsilon_{it} \quad (4.1)$$

选取 32 个新兴经济体为研究样本，分别为阿根廷、巴西、保加利亚、智利、中国、克罗地亚、捷克共和国、格鲁吉亚、危地马拉、匈牙利、印度、印度尼西亚、韩国、哈萨克斯坦、立陶宛、马来西亚、毛里求斯、墨西哥、摩尔多瓦、巴拉圭、秘鲁、菲律宾、波兰、罗马尼亚、俄罗斯、南非、斯里兰卡、泰国、土耳其、乌克兰、乌拉圭、斯洛伐克。样本区间为 1990 年第一季度至 2016 年第四季度。由于有些国家的数据在某些年份存在缺失，整个数据集为非平衡面板。为了克服跨境资本流动与国内经济变量的内生性，将相关控制变量作滞后一期处理以避免当期跨境资本流动对这些变量的影响。

二、 描述性统计

描述性统计（见表 4.2）显示，从中位数来看，样本国家在 1990—2016 年其他投资流入（除以 GDP 去规模，下同）为 0.08%，其他投资流出为 0.60%；证券投资流入为 0.7%；证券投资流出为 1.08%。样本国家在 1990—2016 年本币兑美元汇率变动中位数为 −0.27%，即新兴经济体汇率相对于美元季度贬值 −0.27%，但汇率波动比较剧烈。VIX 取对数后的中位数为 1.26，GDP 增长率差异中位数为 1.75%，即新兴经济体季度 GDP 增长率比美国季度 GDP 增长率高 1.75 个百分点。利差中位数为 4.80%，即新兴经济体利率比美国利率高 4.8 个百分点。

表4.2　　　　　　　　　　　　变量描述性统计

变量	观测/个	均值	中位数	标准差	最小值	最大值
短期投资流入	2565	2.67	1.79	8.00	−57.12	116.30
短期投资流出	2561	1.30	0.41	5.09	−25.80	119.60
证券投资流入	2559	1.38	0.70	7.29	−110.50	49.15

续表

变量	观测/个	均值	中位数	标准差	最小值	最大值
证券投资流出	2565	2.24	1.08	11.50	−91.50	291.30
其他投资流入	2561	0.91	0.08	7.99	−49.48	257.40
其他投资流出	2561	1.33	0.60	6.75	−44.64	140.50
汇率变动	2532	−1.03	−0.27	6.64	−66.10	39.25
VIX	2565	1.28	1.26	0.15	1.05	1.64
增长率差异	2357	1.63	1.75	5.39	−32.57	50.48
利差	2229	6.60	4.80	10.20	−4.74	210.70
全球经济政策不确定性	2292	111.8	103.9	44.29	54.48	257.9
资本账户开放度	2565	0.38	0.02	1.36	−1.90	2.37

三、 基本回归结果分析

表4.3为新兴经济体短期跨境资本流入的影响因素。列（1）显示，VIX（对数形式，下同）对短期跨境资本流入具有显著负影响，即全球避险情绪升高，新兴经济体短期跨境资本流入占GDP比重下降，这与预期相符。增长率差异对短期跨境资本流入占GDP比重有显著正影响，即新兴经济体保持相对于以美国为代表的发达经济体较高的经济增长率，短期跨境资本流入增加。利差对短期跨境资本流入的影响并不显著。在控制VIX、增长率差异、利差和国别效应后，汇率变动对短期跨境资本流入的系数为0.10，且在1%的显著性水平下显著为正。汇率变动增加一个标准差，短期跨境资本流入增加0.7个百分点（而短期资本流入占GDP比重均值为2.7%）。资本账户开放度变量的影响为负，但并不显著。

列（2）中加入全球经济政策不确定变量，结果显示，全球经济政策不确定对短期跨境资本流入有显著负影响，即全球经济政策不确定性越大，流入新兴经济体的短期跨境资本规模越小。其他变量对短期跨境资本流入的影响与列（1）一致。

列（3）和列（4）证券投资流入影响因素的回归显示，VIX对证券投资流入有显著负影响，即全球避险情绪升高，新兴经济体的证券投资流入规模显著减少。增长率差异和利差对证券投资流入没有显著影响。汇率变动对证券投资流入有显著正影响，即本币相对于美元贬值，证券投资流入减少。本币贬值一个标准差，证券投资流入占 GDP 的比重减少 0.2 个百分点。资本账户开放度变量的影响为负，但并不显著。全球经济政策不确定对证券资本流入没有影响。

其他投资流入影响因素〔列（5）和列（6）〕的回归显示，VIX 对其他投资流入有显著负影响，即全球避险情绪降低，样本国家的其他投资流入规模显著增加。经济增长率差异扩大，其他投资流入增加，即新兴经济体保持相较于美国更高的经济增长率，其他投资流入增加。经济增长率差异每增加 1 个百分点，其他投资流入占 GDP 的比重增加 0.26 个百分点。利差对其他投资流入没有显著影响。汇率变动对其他投资流入有显著正影响，即本币升值，其他投资流入增加。本币升值一个标准差，其他投资流入占 GDP 的比重增加 0.5 个百分点。资本账户开放度变量的影响为负，但并不显著。全球经济政策不确定对其他投资流入有显著负影响。即全球经济政策不确定性越大，新兴经济体其他投资流入规模越小。

表 4.4 为新兴经济体短期跨境资本流出的影响因素。结果显示，变量的解释力度均不强。其他投资流出和证券投资流出的影响因素需要以后文献进一步的研究和探讨。

表 4.3　　　　　　　　新兴经济体短期跨境资本流入的影响因素

变量	短期资本流入		证券投资流入		其他投资流入	
	(1)	(2)	(3)	(4)	(5)	(6)
VIX_t	-4.73^{***}	-3.67^{***}	-2.09^{***}	-2.06^{***}	-2.64^{***}	-1.61^{*}
	(-5.35)	(-3.99)	(-3.26)	(-3.01)	(-3.10)	(-1.81)
$Dgrowth_{t-1}$	0.24^{***}	0.25^{***}	-0.01	-0.01	0.25^{***}	0.26^{***}
	(8.68)	(8.36)	(-0.46)	(-0.58)	(9.36)	(9.10)

续表

变量	短期资本流入		证券投资流入		其他投资流入	
	(1)	(2)	(3)	(4)	(5)	(6)
$Dinterest_{t-1}$	0.00	0.01	-0.01	-0.01	0.01	0.01
	(0.14)	(0.28)	(-0.58)	(-0.43)	(0.57)	(0.62)
Exg_{t-1}	0.10***	0.09***	0.03**	0.03**	0.07***	0.06***
	(4.79)	(4.25)	(2.18)	(2.10)	(3.33)	(2.78)
$Kaopen_{t-1}$	-0.18		-0.01		-0.17	
	(-1.40)		(-0.14)		(-1.35)	
$Uncertainty_{t-1}$		-0.02***		0.00		-0.02***
		(-5.28)		(0.13)		(-5.56)
$Constant$	8.48***	8.92***	4.21***	4.15***	4.27***	4.77***
	(7.58)	(7.48)	(5.19)	(4.68)	(3.96)	(4.14)
观测	2051	1915	2051	1915	2051	1915
R^2	0.066	0.075	0.010	0.009	0.056	0.069
国家数	32	32	32	32	32	32
国家固定效应	是	是	是	是	是	是

注: 括号中为 t 值, ***、** 和 * 分别表示在1%、5%和10%显著性水平下显著。

表4.4　　新兴经济体短期跨境资本流出的影响因素

变量	短期资本流出		证券投资流出		其他投资流出	
	(1)	(2)	(3)	(4)	(5)	(6)
VIX_t	-2.77**	-2.80*	-1.26	-1.45	-1.52**	-1.35**
	(-2.02)	(-1.90)	(-1.21)	(-1.30)	(-2.44)	(-2.03)
$Dgrowth_{t-1}$	0.05	0.06	-0.00	0.00	0.05***	0.06***
	(1.12)	(1.20)	(-0.08)	(0.04)	(2.61)	(2.59)
$Dinterest_{t-1}$	-0.01	-0.00	-0.01	-0.00	-0.00	0.00
	(-0.26)	(-0.04)	(-0.21)	(-0.06)	(-0.21)	(0.01)
Exg_{t-1}	0.03	0.02	0.02	0.02	0.01	0.00
	(0.84)	(0.72)	(0.83)	(0.84)	(0.45)	(0.18)
$Kaopen_{t-1}$	-0.00		-0.07		0.07	
	(-0.01)		(-0.47)		(0.75)	

变量	短期资本流出		证券投资流出		其他投资流出	
	（1）	（2）	（3）	（4）	（5）	（6）
$Uncertainty_{t-1}$		-0.01		0.00		-0.01***
		（-1.25）		（0.49）		（-3.59）
$Constant$	5.98***	6.80***	2.73**	2.77*	3.25***	4.03***
	（3.43）	（3.56）	（2.08）	（1.92）	（4.12）	（4.69）
观测	2051	1915	2051	1915	2051	1915
R^2	0.003	0.004	0.001	0.002	0.007	0.014
国家数	32	32	32	32	32	32
国家固定效应	是	是	是	是	是	是

注：括号中为 t 值，***、** 和 * 分别表示在 1%、5% 和 10% 显著性水平下显著。

第二节　美联储货币政策
与短期跨境资本流动顺周期性

美国是世界上最重要的经济体，美联储货币政策通过贸易、汇率、跨境资本流动和金融市场等渠道对其他国家的金融市场和经济运行产生影响，具有全球溢出效应（Subramanian，2014）。尤其是近十年来，国际金融危机爆发及随后的逐步复苏大背景下，美联储货币政策经历了从量化宽松实施到退出、基准利率联邦基金利率从零到逐步加息的过程。

一、变量选取

传统研究以联邦基金利率作为美联储货币政策的代理变量，但在联邦基金利率跌至 0~0.25% 后，为了进一步放宽货币政策，美联储推出了大规模资产购买计划（即量化宽松）、扭曲操作以及前瞻指引等一系列非常规政策。为了全面估算这些非常规货币政策的影响，不少学者尝试建立模型以测算利率曲线来评估对实体经济的影响，其中影响力最大的是经济学家吴菁与夏凡设计的联

邦基金影子利率（Wu - Xia Shadow Federal Funds Rate）。在联邦基金利率处于
0.25%以上时，联邦基金影子利率与联邦基金利率一致。而当联邦基金利率低
于0.25%时，联邦基金影子利率的负值就直观地反映了美国货币政策的宽松
程度。

图4.1显示，从2009年7月开始，联邦基金影子利率跌至负数，并于
2014年5月触及-2.99%的低位。三轮量化宽松的影响，理论上相当于将受
制于零下限的联邦基金利率降低了3个百分点。随着美联储逐渐削减资产规模
并最终结束QE3，联邦基金影子利率显著上升，在2015年12月升至零。

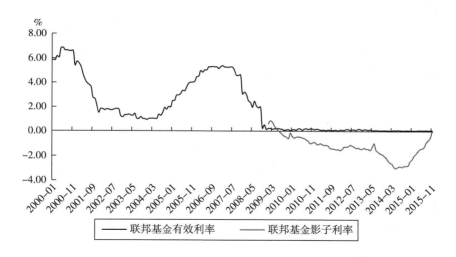

图4.1 联邦基金有效利率和联邦基金影子利率

［数据来源：https：//fred. stlouisfed. org 以及 Wu 和 Xia（2015）］

从跨境资本流动角度来看，由于新兴经济体跨境资本流动呈现出顺周期
性，即在本国经济扩张期，跨境资本大量流入国内金融市场，同时国内投资者
大规模对外投资，跨境资本流入和跨境资本流出规模均增加；而在国内经济危
机期间，国际投资者撤回在国内的投资，本国投资者也卖出国外资产取得流动
性，跨境资本流入和跨境资本流出规模同时萎缩（Broner 等，2013）。我们的
直观感受是，美联储非常规货币政策强化了跨境资本流动的顺周期性。即在国

际金融危机爆发时，量化宽松货币政策形成的流动性导致流入新兴经济体的跨境资本成倍增长，而在美联储宣布逐步退出量化宽松后新兴经济体跨境资本流入急停甚至逆转。

二、 模型设计

为了评估美联储货币政策对新兴经济体跨境资本流动顺周期性的影响，文中引入联邦基金影子利率与经济增长率差异的交互项（$Dgrowth \cdot FFR$）。联邦基金影子利率为月度数据，为了与季度数据相匹配，取每个季度最后一个月份的联邦基金影子利率作为当季联邦基金影子利率。数据来源于网站：https：//www. frbatlanta. org/cqer/research/shadow_rate. aspx？panel = 1。如果美联储货币政策强化了新兴经济体短期跨境资本流动的顺周期性，则预期交互项系数为正。

三、 回归结果分析

表 4.5 列（1）显示，对短期资本流入而言，联邦基金影子利率与经济增长率差异的交互项系数为 0.02，且在 5% 显著性水平下显著为正，经济增长率差异系数为 0.22，且在 1% 显著性水平下显著为正。即美国量化宽松货币政策强化了新兴经济体短期跨境资本流入的顺周期性，与预期相符。其他变量中，VIX 对短期跨境资本流入具有显著负影响，与预期相符。利差对短期跨境资本流入的影响并不显著。汇率变动对短期跨境资本流入有显著正影响。全球经济政策不确定性对短期跨境资本流入有显著负影响，这与上文基本回归的结果一致。

将新兴经济体短期资本流入进一步区分为证券投资流入和其他投资流入显示，联邦基金影子利率与经济增长率差异的交互项对证券投资流入的系数为 − 0.01，但并不显著，对其他投资流入的系数为 0.03，且在 1% 显著性水平下显著。即美国量化宽松货币政策强化了新兴经济体其他投资流入的顺周期性。

其他变量的回归结果与上文基本回归一致［列（2）和列（3）］。

表4.5　美国量化宽松货币政策与新兴经济体短期跨境资本流入的顺周期性

变量	短期资本流入	证券投资流入	其他投资流入
	（1）	（2）	（3）
VIX_t	-3.47 ***	-2.17 ***	-1.30
	（-3.73）	（-3.13）	（-1.45）
$Dgrowth_{t-1}$	0.22 ***	-0.00	0.22 ***
	（6.76）	（-0.04）	（7.03）
$Dgrowth_t \cdot FFR_t$	0.02 **	-0.01	0.03 ***
	（1.96）	（-1.18）	（2.94）
$Dinterest_{t-1}$	0.02	-0.01	0.04
	（0.94）	（-0.81）	（1.60）
Exg_{t-1}	0.09 ***	0.03 **	0.06 ***
	（4.19）	（2.12）	（2.71）
$Uncertainty_{t-1}$	-0.02 ***	-0.00	-0.02 ***
	（-4.79）	（-0.11）	（-4.88）
Constant	8.38 ***	4.41 ***	3.98 ***
	（6.84）	（4.83）	（3.36）
观测	1910	1910	1910
R^2	0.077	0.010	0.073
国家数	32	32	32
国家固定效应	是	是	是

注：括号中为 t 值，***、**、* 表示分别在1%、5%和10%的显著性水平下显著。

表4.6为美国量化宽松货币政策与新兴经济体短期跨境资本流出的顺周期性。结果显示，联邦基金影子利率与经济增长率差异的交互项对短期资本流出没有显著影响。

表4.6　美国量化宽松货币政策与新兴经济体短期跨境资本流出的顺周期性

变量	短期资本流出	证券投资流出	其他投资流出
	（1）	（2）	（3）
VIX_t	-2.87 *	-1.48	-1.39 **
	（-1.94）	（-1.32）	（-2.09）

续表

变量	短期资本流出	证券投资流出	其他投资流出
	（1）	（2）	（3）
$Dgrowth_{t-1}$	0.03	−0.01	0.04
	(0.49)	(−0.28)	(1.56)
$Dgrowth_t \cdot FFR_t$	0.03	0.02	0.01
	(0.68)	(0.49)	(0.69)
$Dinterest_{t-1}$	0.00	0.00	0.00
	(0.09)	(0.05)	(0.12)
Exg_{t-1}	0.02	0.02	0.00
	(0.62)	(0.78)	(0.08)
$Uncertainty_{t-1}$	−0.01	0.00	−0.01***
	(−1.20)	(0.53)	(−3.55)
$Constant$	6.81***	2.75*	4.06***
	(3.55)	(1.90)	(4.70)
观测	1910	1910	1910
R^2	0.005	0.002	0.014
国家数	32	32	32
国家固定效应	是	是	是

四、结论

本节采用 32 个新兴经济体 1990 年第一季度至 2016 年第四季度面板数据，探讨短期跨境资本流动的影响因素。研究发现，全球避险情绪对短期跨境资本流入有显著负影响、经济增长率差异、本币汇率变动对短期跨境资本流入有显著正影响，全球经济政策不确定性对短期跨境资本流入有显著负影响。分项来看，全球避险情绪对其他投资和证券投资跨境资本流入均有显著负影响，本币汇率变动对其他投资和证券投资跨境资本流入均有显著正影响。经济增长率差异、全球经济政策不确定性仅对其他投资流入有显著影响，对证券投资流入的影响并不显著。

考虑到美联储货币政策对新兴经济体跨境资本流动的溢出效应，引入美联储货币政策与经济增长率差异的交互项，试图检验美联储货币政策是否强化了新兴经济体短期跨境资本流动的顺周期性。研究显示，美联储的货币政策的确加剧了新兴经济体其他投资流入的顺周期性。

鉴于本节的研究结论，对新兴经济体监管当局在管理本国短期跨境资本流动方面提出如下政策建议：首先，要格外注意汇率因素的影响，这一点在发达经济体的样本中经常被忽略。原因可能是发达经济体多采用浮动汇率制度，汇率价格变化起到调节作用，而采用浮动汇率制度的新兴经济体较少，汇率通常不能立即对国内的经济和金融形势作出反应，导致汇率变动作为一个因子显著影响新兴经济体跨境资本流动。其次，为避免全球经济政策不确定性上升带来的跨境资本流动冲击，新兴经济体应增强金融体系的弹性和风险承担能力，提高宏观经济稳定性。最后，密切监测美联储货币政策对跨境资本流动的影响，加强与美国及其他国家的沟通，加强与新兴市场国家的合作，实现信息共享等，共同应对美联储收紧货币政策引起的跨境资本流动变化，特别是共同合作应对短期跨境资本从国内金融市场大规模撤离等状况。

第三节　汇率制度发挥自动稳定器作用了吗？

中国人民银行行长易纲指出，市场化的汇率形成机制能够更有效地配置资源和释放风险，是跨境资本流动的自动稳定器。浮动汇率制对跨境资本流动的自动稳定效果体现在，全球跨境资本大规模流入导致外汇市场对本币需求增加，浮动汇率制度下本币迅速升值，那么国内金融资产的外币价格提高，本国金融资产吸引力下降，从而减缓跨境资本的进一步流入；反之，当全球金融冲击引致跨境资本流出时，外汇市场上对外币的需求增加，浮动汇率制下本币迅速贬值，相对于外国金融资产，以外币支付的国内金融资产购买成本下降，本国金融资产吸引力上升，从而抑制跨境资本进一步流出。

汇率制度到底有没有影响全球因素对跨境资本流动规模的作用？传统的"三元悖论"理论认为，一个国家在资本自由流动、固定汇率和独立的货币政策三个目标之间最多只能同时满足两个目标而放弃另一个目标。但2008年国际金融危机以来，发达经济体央行量化宽松货币政策投放了大量过剩流动性，这些流动性没有全部进入实体经济，其中相当一部分在全球金融市场进行套利，使得全球资本流动规模非常大，而且资金流向经常会出现急剧变化，以"三元悖论"为代表的传统开放经济分析框架也面临着诸多挑战。

近期国际上有学者Rey（2013）在美联储Jackson Hole会议上提出了"二元悖论"（Dilemma）的新观点，认为只要存在资本自由流动，一国的货币政策就不可能自主有效，而与该国采取何种汇率制度无关。随着全球金融一体化程度的不断加深，资本流动的量级增大、重要性提升，而汇率制度和货币政策独立性的量级则相对下降，在当前国际资本流动规模日益增大的背景下，汇率自由浮动不足以抑制资本流动（孙国峰和李文喆，2017）。而IMF（2016）则认为采取浮动汇率制度可以减缓新兴经济体与发达经济体增长率差异缩小对净资本流入的影响，从而支持了"三元悖论"而不是"二元悖论"。

鉴于此，本节通过引入汇率制度与全球金融冲击变量的交叉项，试图探讨面对全球金融冲击时，不同的汇率制度对新兴经济体跨境资本流入的调节作用。样本限定于新兴经济体而没有包括发达经济体的原因在于：绝大多数发达经济体采取浮动汇率制或处于欧元区，汇率制度比较单一，而新兴经济体拥有更多样的汇率制度，并且汇率制度的选择仍然存在争议；此外，新兴经济体几乎没有能力影响全球金融状况，在外部环境发生变化时，新兴经济体比发达经济体更容易经历跨境资本流动的暴涨暴跌。

一、 汇率制度变量选择

关于汇率制度的分类，现有文献基本上有两种分类方法：一种是法定汇率制度，即根据一国官方宣称的汇率制度，以IMF一年一度的《汇兑限制与汇率安排》提供的分类为代表，数据涵盖国家广，数据连续性强（目前 IMF 也提供了事实上的汇率制度分类）①。另一种是事实上的分类制度，以 Ilzetzki、Reinhart 和 Rogoff（2017）提供的分类法为代表（以下简称 R&R 分类法）②（Levy 等，2005；陈三毛，2007；梅冬州和龚六堂，2011）。

　　R&R 分类法又包括精细分类法（Fine Classification）和粗糙分类法（Course Classification）两类数据集：精细分类法下，根据汇率制度浮动程度由低到高分别赋值 1 到 15，而在粗糙分类法下，则赋值 1 到 6。R&R 粗糙分类法下赋值为 1 包含以下四种情形：无独立法定通货的汇率安排、事先声明的盯住或货币局制度、事先声明的 ±2% 水平区间带、事实上的盯住汇率制度；赋值为 2 包含以下四种情形：事先声明的爬行盯住、事先声明的左 ±2% 范围内爬行、事实上的爬行盯住、事实上的在 ±2% 范围内爬行；赋值为 3 包含以下四种情形：事先声明的大于 ±2% 的爬行、事实上的在 ±5% 范围内爬行、±2% 范围内移动区间带、管理浮动；赋值为 4 表示自由浮动；赋值为 5 表示自由落体；赋值为 6 表示存在复汇率市场且平行市场中的数据缺失。

　　本书采用 R&R 对实际汇率制度的粗略分类，并设置固定汇率制度（Fix）、中间汇率制度（Intermediate）和浮动汇率制度（Float）虚拟变量：当赋值为 1 时，Fix 取 1，其他情况下为 0；赋值为 2 或者 3 时，Intermediate 取 1，其他情况下为 0；当赋值为 4 或 5 时，Float 取 1，其他情况下为 0。由于赋值为 6 为特殊情况，在估计时剔除赋值为 6 的观测。图 4.2 新兴经济体 R&R 汇率制度

---

　　①　根据 2016 年的《汇兑限制与汇率安排》报告，将汇率制度分为无独立法定货币（No Separate Legel Tender）、货币局制度（Currency Board）、传统盯住（Conventional Peg）、稳定安排（Stabilized Arrangement）、爬行盯住（Crawling Peg）、类爬行盯住（Crawling – like Peg）、区间盯住（Pegged Exchange Rate within Horizontal Bands）、其他管理安排（Other Managed Arrangement）、浮动汇率（Floating）和自由浮动（Free Floating）。

　　②　相比法定分类而言，尽管事实汇率制度分类可能能够更好地反映实际情况，但是它也存在一个重要的缺憾，即事实汇率制度分类结果都是对过去情况的描述，尤其依赖汇率本身的表现，它却无法像法定汇率制度那样，能够传达出影响未来汇率制度选择的信息（黄薇和任若恩，2010）。

分类显示，2000 年至今，采取浮动汇率制度的国家占比仅为 10% 左右，采取中间汇率制度的国家占比为 70%，即新兴经济体实际上绝大多数国家为非浮动汇率制度。

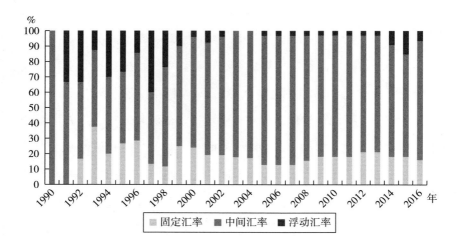

图 4.2　新兴经济体 R&R 汇率制度分类

　　基于目前的研究文献，使用 VIX 指数作为全球金融冲击的代理变量（Ghosh 等，2014；Ahmed 和 Zlate，2014；Bruno 和 Shin，2015；Cerutti 等，2015）。其他控制变量与第四章第一节一致。

二、 模型设计

　　首先采用如下回归模型探讨全球金融冲击对跨境资本流入的影响。

$$CF_{it} = \alpha_i + \beta_1 \cdot Fix_{it} + \beta_2 \cdot Intermediate_{it} + \beta_3 \cdot VIX_t + \sum_{k=1}^{n} \lambda_k \cdot Z_{it,k} + v_i + \varepsilon_{it}$$

$$(4.2)$$

其中，CF 是国家 i 在时间 t 的短期资本流入；Fix 和 $Intermediate$ 分别为国家 i 在时间 t 固定汇率制度和中间汇率制度的虚拟变量（浮动汇率制度为参照组）；VIX 为全球金融冲击代理变量；Z 是一组相关（全球和国内）控制变量；v 代表国家固定效应；ε 是误差项，i 为国家，t 为时间。

回归时以浮动汇率制度为基准，为了避免多重共线性，仅加入 Fix 和 $Intermediate$ 两个虚拟变量。估计时采用稳健标准差以解决误差项可能存在的序列相关性。对其他国内控制变量，滞后一期以减轻潜在的内生性（适当延长滞后期数并不改变主要的回归结果，稳健性检验中将对内生性问题作进一步讨论）。如果新兴经济体跨境资本流动受到全球金融冲击的影响，那么 β_3 在（4.2）式中将会统计显著。

在（4.2）式基础上，采用如下回归检验面对全球金融冲击，新兴经济体汇率制度对跨境资本流动的影响。

$$CF_{it} = \alpha_i + \beta_1 \cdot Fix_{it} + \beta_2 \cdot Intermediate_{it} + \beta_3 \cdot VIX_t + \beta_4 \cdot VIX_t \cdot Fix_{it}$$

$$+ \beta_5 \cdot VIX_t \cdot Intermediate_{it} + \sum_{k=1}^{n} \lambda_k \cdot Z_{it,k} + v_i + \eta_t + \varepsilon_{it} \quad (4.3)$$

（4.3）式中加入年份—季度效应（η_t）来控制与 VIX 指数高度相关的其他全球因素，例如大宗商品价格对跨境资本流动的影响。由于 VIX 与年份—季度效应存在多重共线性，（4.3）式不再单独对 β_3 进行估计。如果采取浮动汇率制度能够对新兴经济体跨境资本流动发挥自动稳定器作用，那么 β_4 和 β_5 将会统计显著。

表4.7 显示，短期资本流入均值为2.7（% GDP，下同），中位数为2.21。其中，其他投资流入均值为1.39，中位数为0.79；证券投资流入均值为1.31，中位数为0.9。VIX（取对数）均值为1.28，中位数为1.26；新兴经济体与美国经济增长率差异均值为1.63%，即在样本期内，新兴经济体经济增长率平均比美国经济增长率高1.63 个百分点，增长率差异中位数为1.75%；新兴经济体与美国利差均值为6.6%，中位数为4.8%；新兴经济体货币相对于美元的汇率季度变动率均值为 –1.03%，即样本期内，新兴经济体货币相对于美元每季度平均贬值1.03%，新兴经济体汇率变动率中位数为 –0.27%。

表4.7　　　　　　　　　　　　　变量描述性统计

变量	单位	观测/个	均值	中位数	最小值	最大值	标准差
短期资本流入	%/GDP	2500	2.07	2.21	−81.03	53.73	6.16
其他投资流入	%/GDP	2497	1.39	0.79	−98.62	42.31	5.56
证券投资流入	%/GDP	2500	1.31	0.90	−8.96	41.92	3.18
VIX		2565	1.28	1.26	1.05	1.64	0.15
增长率差异	%	2357	1.63	1.75	−32.57	50.48	5.39
利差	%	2229	6.60	4.80	−4.74	210.70	10.20
汇率变动率	%	2532	−1.03	−0.27	−66.1	39.25	6.64

三、 实证结果分析

首先审查全球金融状况对新兴经济体短期资本流入的影响。表4.8［列（1）］的结果显示，控制滞后一期的实际GDP增长差异、利差、汇率变动率以及国别效应、时间趋势等因素后，短期资本流入与VIX（对数形式，下同）在1%统计水平上显著负相关。进一步地，VIX增加一个标准差，短期资本流入减少约0.8个百分点（占GDP的比重，下同，而全样本中平均季度短期资本流入为2.7%）。平均而言，采取固定汇率制度的国家短期资本流入高于采取浮动汇率制度的国家约3.6个百分点，高于采取中间汇率制度的国家约1.5个百分点。其他因素中，实际GDP增长率差异吸引短期资本流入。新兴经济体汇率升值吸引短期资本流入。利差吸引短期资本流入，但在统计上不显著。

列（2）中加入汇率制度与VIX的交互项，并且加入年份—季度效应以控制其他影响短期资本流入的全球因素。由于VIX与年份—季度效应虚拟变量存在共线性，从估计式中删除VIX。结果显示，VIX与固定汇率制度的交互项系数（β_4）为负且统计显著；VIX与中间汇率制度的交互项系数（β_5）为负且统计显著。与采取浮动汇率制度的国家相比，VIX上升一个标准差使采取固定汇率制度的国家短期资本流入下降1个百分点，VIX上升一个标准差使采取中间汇率制度的国家短期资本流入下降1.4个百分点。其他因素中，GDP增长率差异增大、利差扩大和新兴经济体汇率升值均吸引短期资本流入，且在统计上显著。

　　在不同类型的短期资本流入中，证券投资和其他投资（主要是银行贷款）流入随 VIX 上升而急剧下降，反之亦然［列（3）和列（5）］。加入汇率制度与 VIX 的交互项并控制年份—季度效应后发现，证券投资流入和其他投资流入对 VIX 的敏感性受汇率制度的影响。与采取浮动汇率制度的国家相比，VIX 上升一个标准差使采取固定汇率制度的国家证券投资流入下降 0.5 个百分点，VIX 上升一个标准差使采取中间汇率制度的国家证券投资流入下降 0.7 个百分点［列（4）］。VIX 上升一个标准差使采取固定汇率制度的国家其他投资流入下降 0.5 个百分点，VIX 上升一个标准差使采取中间汇率制度的国家其他投资流入下降 0.8 个百分点［列（6）］。

　　其他变量中，汇率变动对证券投资流入有显著正影响，即新兴经济体货币贬值降低证券投资流入规模［列（4）］。增长率差异、利差与汇率变动对其他投资流入有显著正影响，即新兴经济体与美国增长率差异扩大、新兴经济体与美国利差扩大、新兴经济体货币升值均有助于吸引其他投资流入［列（4）］。

表4.8　　　　　汇率制度、全球金融冲击与短期跨境资本流入

变量	短期资本流入		证券投资流入		其他投资流入	
	（1）	（2）	（3）	（4）	（5）	（6）
Fix_t	3.59	13.50 ***	0.77	4.79 **	2.82	8.71 *
	(1.63)	(2.78)	(1.20)	(2.31)	(1.35)	(1.96)
$Intermediate_t$	2.17 ***	15.11 ***	0.68	5.84 ***	1.49 **	9.27 ***
	(2.90)	(4.69)	(1.26)	(4.77)	(2.09)	(3.05)
VIX_t	−5.24 ***		−1.81 ***		−3.43 **	
	(−3.72)		(−2.85)		(−2.09)	
$VIX_t \cdot Fix_t$		−6.61 **		−3.53 **		−3.08
		(−2.54)		(−2.51)		(−1.32)
$VIX_t \cdot Intermediate_t$		−9.48 ***		−4.38 ***		−5.10 **
		(−4.02)		(−4.57)		(−2.39)

续表

变量	短期资本流入		证券投资流入		其他投资流入	
	(1)	(2)	(3)	(4)	(5)	(6)
$Dgrowth_{t-1}$	0.19***	0.13***	−0.02	−0.03*	0.21***	0.16***
	(4.12)	(2.86)	(−1.52)	(−1.88)	(4.29)	(3.61)
$Dinterest_{t-1}$	0.02	0.07*	−0.00	−0.01	0.02	0.08**
	(0.76)	(1.95)	(−0.19)	(−0.80)	(0.79)	(2.23)
Exg_{t-1}	0.09***	0.06***	0.03**	0.02**	0.07***	0.04***
	(4.55)	(4.65)	(2.46)	(2.32)	(4.27)	(3.53)
Constant	7.56***	0.84	2.67**	1.56**	4.89*	−0.72
	(3.27)	(0.40)	(2.31)	(2.10)	(1.78)	(−0.35)
观测	2027	2027	2027	2027	2027	2027
R^2	0.060	0.141	0.051	0.155	0.060	0.131
国家数	32	32	32	32	32	32
国家固定效应	是	是	是	是	是	是
年份—季度固定效应	否	是	否	是	否	是

注：括号中为 t 值，***、**、* 表示分别在1%、5%和10%的显著性水平下显著。

四、 稳健性检验

回归结果受到内生性问题困扰。内生性主要有两种可能的来源：一是遗漏变量，二是反向因果。为了解决遗漏变量问题，加入资本账户开放度和全球治理指标等制度因素的影响（Levy 等，2010）。资本账户开放度（Kaopen）数据来源于 Chinn 和 Ito（2008），数值越大表明越开放。全球治理指标数据来源于世界银行，1996 年之前的数据用 1996 年的值补齐，1997 年、1999 年、2001年数据分别用下一年相应的数据补齐。由于全球治理六个指标具有高度相关性，本节选用其中的腐败治理指标（Corruption Control），该指标取值范围为 −2.5～2.5，数值越大表明政府腐败治理能力越强。

表4.9 结果显示，加入制度变量后主要的结论依然稳健。资本账户开放度对短期资本流入和证券投资流入有显著负影响，这一结论与刘晓辉等（2015）

相同，即实际资本控制程度越高的经济体越可能采用更有弹性的汇率制度，而实际资本控制程度越低的经济体则越不可能提高汇率弹性。

表4.9　　　　　　　　　稳健性检验：考虑制度因素的影响

变量	短期资本流入		证券投资流入		其他投资流入	
	（1）	（2）	（3）	（4）	（5）	（6）
Fix_t	13.81***	13.37***	4.92**	4.78**	8.89**	8.60*
	(3.00)	(2.75)	(2.39)	(2.29)	(2.08)	(1.94)
$Intermediate_t$	14.86***	15.02***	5.74***	5.83***	9.12***	9.18***
	(4.60)	(4.70)	(4.76)	(4.74)	(2.96)	(3.06)
$VIX_t \cdot Fix_t$	−6.70**	−6.64**	−3.57**	−3.54**	−3.13	−3.10
	(−2.65)	(−2.53)	(−2.54)	(−2.51)	(−1.37)	(−1.32)
$VIX_t \cdot Intermediate_t$	−9.51***	−9.44***	−4.39***	−4.37***	−5.12**	−5.06**
	(−4.04)	(−4.03)	(−4.58)	(−4.56)	(−2.40)	(−2.40)
$Dgrowth_{t-1}$	0.12***	0.13***	−0.03*	−0.03*	0.16***	0.16***
	(2.81)	(2.89)	(−1.90)	(−1.89)	(3.57)	(3.63)
$Dinterest_{t-1}$	0.06	0.07*	−0.01	−0.01	0.08*	0.08**
	(1.65)	(2.00)	(−0.92)	(−0.81)	(2.02)	(2.25)
Exg_{t-1}	0.06***	0.06***	0.02**	0.02**	0.04***	0.04***
	(4.81)	(4.68)	(2.38)	(2.32)	(3.61)	(3.58)
$Kaopen_t$	−0.43***		−0.18**		−0.26	
	(−2.76)		(−2.24)		(−1.51)	
$CorruptionControl_t$		0.59		0.06		0.53
		(1.29)		(0.22)		(0.99)
$Constant$	1.69	1.20	1.91**	1.60*	−0.22	−0.40
	(0.80)	(0.60)	(2.24)	(1.97)	(−0.10)	(−0.21)
观测	2027	2027	2027	2027	2027	2027
R^2	0.145	0.142	0.158	0.155	0.133	0.132
国家数	32	32	32	32	32	32
国家固定效应	是	是	是	是	是	是
年份—季度固定效应	是	是	是	是	是	是

注：括号中为 t 值，***、**、*表示分别在1%、5%和10%的显著性水平下显著。

将制度变量纳入线性模型并不会改变交互项可能存在的对被解释变量的虚假影响（Balli 和 Sorensen，2013）。为了解决这个问题，在估计中分别加入汇率制度和美国联邦基金影子利率（FFR_S）的交互项。表4.10结果表明，这并不改变先前的主要结论。

表 4.10　　稳健性检验：加入联邦基金影子利率与汇率制度交互项

变量	短期资本流入	证券投资流入	其他投资流入
	（1）	（2）	（3）
Fix_t	10.77**	4.54**	6.22
	（2.11）	（2.34）	（1.33）
$Intermediate_t$	15.04***	6.08***	8.97***
	（4.60）	（5.07）	（3.12）
$VIX_t \cdot Fix_t$	−5.92**	−3.43**	−2.49
	（−2.33）	（−2.58）	（−1.02）
$VIX_t \cdot Intermediate_t$	−9.35***	−4.37***	−4.99**
	（−3.99）	（−4.63）	（−2.34）
$Dgrowth_{t-1}$	0.10**	−0.04**	0.14***
	（2.47）	（−2.08）	（3.26）
$Dinterest_{t-1}$	0.08**	−0.01	0.09**
	（2.11）	（−0.88）	（2.34）
Exg_{t-1}	0.06***	0.02**	0.04***
	（4.41）	（2.31）	（3.33）
$FFR\_S_t \cdot Fix_t$	0.88***	0.06	0.82***
	（3.54）	（0.69）	（2.94）
$FFR\_S_t \cdot Intermediate_t$	0.03	−0.09	0.12
	（0.16）	（−1.11）	（0.60）
$Constant$	0.68	1.98**	−1.29
	（0.27）	（2.30）	（−0.51）
观测	2027	2027	2027
R^2	0.159	0.158	0.146
国家数	32	32	32
国家固定效应	是	是	是
年份—季度固定效应	是	是	是

注：括号中为 t 值，***、**、*表示分别在1%、5%和10%的显著性水平下显著。

基本回归选用 *VIX* 作为全球金融冲击代理变量，参照 Ghosh 等（2014）的做法，选用 VXO 作为全球金融冲击的代理变量，VXO 是芝加哥期权交易所标普 100 波动率指数（CBOE S&P 100 Volatility Index）。表 4.11 结果显示，选用不同的全球金融冲击代理变量并不改变本书主要的研究结果。

表 4.11　　　　　　　稳健性检验：替换全球金融冲击代理变量

变量	短期资本流入		证券投资流入		其他投资流入	
	（1）	（2）	（3）	（4）	（5）	（6）
Fix_t	3.59	11.45 **	0.78	3.95 **	2.81	8.43 *
	(1.62)	(2.51)	(1.21)	(2.16)	(1.34)	(1.79)
$Intermediate_t$	2.15 ***	13.90 ***	0.68	5.30 ***	1.47 **	6.37 ***
	(2.85)	(4.73)	(1.27)	(4.84)	(2.04)	(3.05)
VXO_t	−5.28 ***		−1.96 ***		−3.32 **	
	(−3.95)		(−3.98)		(−2.19)	
$VXO_t \cdot Fix_t$		−5.00 **		−2.87 **		−2.85
		(−2.07)		(−2.38)		(−1.09)
$VXO_t \cdot Intermediate_t$		−8.49 ***		−3.94 ***		−2.69 **
		(−4.01)		(−4.58)		(−2.15)
$Dgrowth_{t-1}$	0.19 ***	0.13 ***	−0.02	−0.03 *	0.21 ***	0.14 ***
	(4.10)	(2.86)	(−1.46)	(−1.93)	(4.26)	(3.31)
$Dinterest_{t-1}$	0.02	0.07 *	−0.00	−0.01	0.03	0.08 **
	(0.80)	(1.92)	(−0.11)	(−0.87)	(0.80)	(2.07)
Exg_{t-1}	0.09 ***	0.06 ***	0.03 **	0.02 **	0.07 ***	0.09 ***
	(4.54)	(4.69)	(2.46)	(2.32)	(4.25)	(5.00)
$Kaopen_t$	−0.02		0.00		−0.02	
	(−1.19)		(0.66)		(−1.47)	
$CorruptionControl_t$	−0.65		−2.37 ***		1.72 **	
	(−0.66)		(−3.87)		(2.59)	
$Constant$	7.89 ***	0.61	2.96 ***	1.46 *	4.93 *	−0.97
	(3.39)	(0.29)	(2.88)	(2.02)	(1.83)	(−0.46)
观测	2027	2027	2027	2027	2027	2027
R^2	0.062	0.141	0.053	0.155	0.061	0.099
国家数	32	32	32	32	32	32
国家固定效应	是	是	是	是	是	是
年份—季度固定效应	否	是	否	是	否	是

注：括号中为 t 值，***、**、* 表示分别在 1%、5% 和 10% 的显著性水平下显著。

估计中可能存在的反向影响在于，监管当局可能在出现极端跨境资本流动时改变汇率制度。为了削弱这一反向影响，选择汇率制度未发生转变的国家进行实证检验。由于整个样本期间内只有少量国家没有改变汇率制度，因此考虑2006年至2016年汇率制度没有发生转变的国家。尽管样本容量下降了30%，但结论依然稳健（见表4.12）。

表4.12　　　　稳健性检验：跨境资本流动对汇率制度的影响

变量	短期资本流入	证券投资流入	其他投资流入
	（1）	（2）	（3）
Fix_t	14.20**	2.10	12.10**
	(2.62)	(1.05)	(2.21)
$Intermediate_t$	16.80***	4.06**	12.74**
	(2.99)	(2.60)	(2.30)
$VIX_t \cdot Fix_t$	−6.14**	−2.10	−4.04
	(−2.22)	(−1.58)	(−1.50)
$VIX_t \cdot Intermediate_t$	−10.60***	−3.62***	−6.98**
	(−3.03)	(−3.09)	(−2.18)
$Dgrowth_{t-1}$	0.14*	−0.04	0.18**
	(1.99)	(−1.67)	(2.51)
$Dinterest_{t-1}$	0.12	−0.04	0.16**
	(1.39)	(−1.26)	(2.12)
Exg_{t-1}	0.06***	0.02*	0.04**
	(3.60)	(2.03)	(2.34)
$Constant$	−0.55	2.39*	−2.94
	(−0.16)	(1.72)	(−0.84)
观测	1418	1418	1418
R^2	0.128	0.162	0.114
国家数	22	22	22
国家固定效应	是	是	是
年份—季度固定效应	是	是	是

注：括号中为t值，***、**、*表示分别在1%、5%和10%的显著性水平下显著。

五、 小结

本章运用32个新兴经济体1990年第一季度至2016年第四季度的数据，实证研究了汇率制度和全球金融冲击对跨境资本流入的影响。研究发现，汇率制度在全球金融冲击对跨境资本流入的影响上发挥调节作用，相比于浮动汇率制度，固定汇率制度和中间汇率制度强化了全球金融冲击对新兴经济体跨境资本流入的负向影响。因此，在面对全球金融冲击时，浮动汇率制度对跨境资本流入发挥了自动稳定器作用。虽然浮动汇率制度没有提供完美的绝缘性，但是能够在一定程度上抵御全球金融冲击对跨境资本流入的影响。稳健性检验中，替换全球金融冲击代理变量、考虑制度因素影响、跨境资本流入导致汇率制度变迁的反向影响后这一结论仍然成立。

第五章
中国跨境资本流动影响因素分析

在中国资本账户尚未完全开放，央行主动干预外汇市场的情况下，影响中国跨境资本流动的因素可能存在特殊性。识别中国跨境资本流动驱动因素有助于增强中国跨境资本流动管理的针对性和有效性。鉴于此，第五章将分别从国际收支表口径以及银行代客结售汇口径对中国跨境资本流动的影响因素进行实证分析。

第一节　国际收支平衡表口径

本节参照上章实证设计，选取 1998 年第一季度至 2017 年第四季度国际收支平衡表中证券投资和其他投资数据对中国的短期跨境资本流动进行实证分析。

一、　变量选取和基本模型设计

在实证中控制以下变量：

（1）全球避险情绪（VIX，取对数）。

（2）中美经济增长率差异（$Dgrowth$）。计算方法为中国季度 GDP 增长率减去美国季度 GDP 增长率。

（3）中美利差（$Dinterest$）。实证研究中利率对中国跨境资本流入的影响尚存在争议：刘立达（2007）认为，1982 年至 2004 年中国跨境资本流入不能被利差所解释；吕光明和徐曼（2012）对 2002 年 1 月至 2011 年 6 月中国短期跨境资本流入的研究也得出同样的结论；张明和谭小芬（2013）对 2000 年 1 月至 2002 年 6 月中国跨境资本流入的研究发现，人民币利率上升短期内导致资本流入，但很快会转为资本流出。

（4）汇率变动（Exg）。以往对中国跨境资本流动的文献显示，人民币兑美元汇率变动对中国跨境资本流动具有重要影响（王琦，2006；刘立达，2007；王世华和何帆，2007；张谊浩等，2007；张谊浩和沈晓华，2008；方先明等，2012；吕光明和徐曼，2012；张明和谭小芬，2013）。鉴于此，下文选用人民币对美元季末收盘价环比变动作为人民币汇率变动的变量（汇率变动数值为正代表人民币相对于美元升值），检验人民币对美元汇率变动对中国跨境资本流动的影响。

（5）中国经济政策不确定性指数（Uncentainty）。中国经济政策不确定性指数由斯坦福大学和芝加哥大学联合发布，该指数以香港发行量最大的英文报纸《南华早报》（*South China Morning Post*）为分析对象，识别出该报纸每月刊发的有关中国经济政策不确定性的文章，并将识别出的文章数量除以当月刊发的文章总数量，最终得出中国经济政策不确定性指数月度数据。为了与其他季度变量相匹配，将每个季度最后一个月份的经济政策不确定性指数作为当季经济政策不确定性的衡量指标（李凤羽和杨墨竹，2015）。

综上所述，回归模型为

$$CF_t = \alpha_i + \beta_1 \cdot VIX_t + \beta_2 \cdot Dgrowth_{t-1} + \beta_3 \cdot Dinterest_{t-1}$$

$$+ \beta_4 \cdot Exg_{t-1} + \beta_5 \cdot Uncertainty_{t-1} + \varepsilon_t \tag{5.1}$$

为了避免内生性问题，将汇率变动、中美增长率差异、中美利差、经济政策不确定性作滞后一期处理。中国跨境资本流动数据来自外汇管理局网站中国国际收支平衡表，并除以 GDP 去规模。中国和美国 GDP 增长率、中国 3 个月 SHIBOR 利率、人民币对美元汇率、VIX 来自 Wind 数据库。联邦基金利率数据来自圣路易斯联储网站。中国经济政策不确定性数据来源于 http：//www.policyuncertainty.com。

二、 描述性统计

变量描述性统计（见表5.1）显示，样本期间内中国证券投资流入均值为0.48%（占 GDP 的比重，下同），中位数为0.38%，证券投资流出均值为0.57%，中位数为0.39%。其他投资流入均值为0.86%，中位数为1.09%，其他投资流出均值为1.69%，中位数为1.35%。人民币对美元汇率季度平均升值为0.32%。VIX 取对数后均值为2.95。中美增长率差异均值为6.67%，中美3个月市场利差均值为1.39%。

表5.1 变量描述性统计

变量	单位	观测	均值	中位数	标准差	最小值	最大值
证券投资流入	%/GDP	80	0.48	0.38	0.67	-1.58	2.80
证券投资流出	%/GDP	80	0.57	0.39	1.28	-3.65	5.34
其他投资流入	%/GDP	80	0.86	1.09	2.25	-5.89	6.35
其他投资流出	%/GDP	80	1.69	1.35	2.82	-6.48	10.73
人民币汇率变动	%	79	0.32	0.01	1.17	-4.02	3.61
VIX（取对数）		80	2.95	2.96	0.35	2.33	4.07
中美增长率差异	%	80	6.67	6.7	2.34	2.80	12.18
中美利差	%	80	1.39	1.77	2.55	-3.50	5.75
中国经济政策不确定性指数		80	148.0	110.8	112.9	36.86	646.9

三、 基本回归结果

表5.2为中国短期跨境资本流动影响因素的实证结果。（1）列被解释变量为中国的短期跨境资本流入。结果显示，VIX 对短期资本流入系数为-2.99，且在1%显著性水平下显著为负，即市场避险情绪上升1%，中国短期资本流入占 GDP 比重减少2.90个百分点。中美增长率差异对短期资本流入的系数为0.29，且在1%显著性水平下显著为正，即中国相对于美国表现出更

好的经济增长将吸引更多的短期资本流入。中美利差对短期资本流入没有显著影响。人民币汇率变动对短期资本流入有显著正影响，即人民币汇率升值将吸引短期跨境资本流入中国，而人民币汇率贬值则将引起短期跨境资本流入规模下降。人民币贬值一个标准差将引起中国短期跨境资本流入占 GDP 比重下降 0.44 个百分点。中国经济政策不确定性变量对短期资本流入的影响并不显著。

列（2）被解释变量为证券投资流入。结果显示，VIX 对证券投资流入的系数为 -0.82，在 1% 的显著性水平下显著为负。人民币汇率变动对证券投资流入有显著正影响。中美增长率差异、中美利差和中国经济政策不确定性对证券投资流入的影响均不显著。原因可能是中国的跨境证券投资在很长一段时间内存在严格监管，直到近些年逐渐推出 QFII、沪港通、深港通等举措中国证券市场才对境外投资者开放一定的额度。

列（3）被解释变量为其他投资流入。中国短期资本流入主要以其他投资流入为主。结果显示，VIX 对其他投资流入系数为 -2.17，且在 1% 显著性水平下显著为负。中美增长率差异对其他投资流入的系数为 0.27，且在 1% 显著性水平下显著为正。中美利差对短期资本流入没有显著影响。人民币汇率变动对其他资本流入有显著正影响，即人民币汇率升值将吸引其他投资流入中国，而人民币汇率贬值则将引起中国其他投资流入规模的下降。中国经济政策不确定性变量对其他投资流入的影响并不显著。

表 5.2　　　　　　　　　　　中国短期跨境资本流入影响因素

变量	短期资本流入	证券投资流入	其他投资流入
	（1）	（2）	（3）
VIX_t	-2.99 ***	-0.82 ***	-2.17 ***
	（-3.85）	（-3.71）	（-2.79）
$Dinterest_{t-1}$	-0.11	-0.03	-0.08
	（-0.99）	（-0.81）	（-0.79）
$Dgrowth_{t-1}$	0.29 ***	0.02	0.27 ***
	（3.34）	（0.76）	（3.23）

续表

变量	短期资本流入	证券投资流入	其他投资流入
	(1)	(2)	(3)
Exg_{t-1}	0.44 *	0.11 *	0.34
	(1.99)	(1.97)	(1.54)
$Uncertainty_{t-1}$	− 0.00	0.00	− 0.00
	(− 0.82)	(0.19)	(− 0.84)
Constant	8.59 ***	2.76 ***	5.83 **
	(3.46)	(4.37)	(2.31)
观测	78	78	78
R^2	0.300	0.214	0.246

注：括号中为 t 值，***、** 和 * 分别表示在1%、5%和10%显著性水平下显著。

表5.3 为中国短期跨境资本流出的影响因素。结果显示，控制变量对中国短期跨境资本流出的解释力度较低。

表5.3 　　　　　　　中国短期跨境资本流出影响因素

变量	短期资本流出	证券投资流出	其他投资流出
	(1)	(2)	(3)
VIX_t	− 1.34	− 0.77	− 0.58
	(− 1.38)	(− 1.62)	(− 0.66)
$Dinterest_{t-1}$	− 0.16	− 0.25 ***	0.08
	(− 1.22)	(− 4.39)	(0.64)
$Dgrowth_{t-1}$	− 0.15	− 0.05	− 0.10
	(− 1.02)	(− 1.01)	(− 0.61)
Exg_{t-1}	0.14	− 0.05	0.19
	(0.60)	(− 0.63)	(0.80)
$Uncertainty_{t-1}$	− 0.00	0.00	− 0.00
	(− 0.48)	(0.96)	(− 0.88)
Constant	7.52 **	3.42 **	4.10
	(2.61)	(2.33)	(1.57)
观测	78	78	78
R^2	0.069	0.260	0.026

注：括号中为 t 值，***、** 和 * 分别表示在1%、5%和10%显著性水平下显著。

四、 考虑惯性的影响

惯性可能对短期跨境资本流动产生影响，在回归中加入滞后一期的被解释变量进行检验。表 5.4 显示，其他投资流入和证券投资流出呈现出一定的惯性，其他回归结果与基本回归结果一致。

表 5.4 惯性对中国短期跨境资本流动的影响

变量	短期资本流入	证券投资流入	其他投资流入	短期资本流出	证券投资流出	其他投资流出
	（1）	（2）	（3）	（4）	（5）	（6）
$Short_{t-1}$	0.15			−0.03		
	(1.45)			(−0.22)		
$Portfolio_{t-1}$		−0.22			0.39 **	
		(−1.42)			(2.49)	
$Other_{t-1}$			0.25 **			0.14
			(2.21)			(0.93)
VIX_t	−2.61 ***	−1.00 ***	−1.77 **	−1.35	−0.35	−0.69
	(−3.01)	(−3.37)	(−2.17)	(−1.39)	(−0.70)	(−0.75)
$Dinterest_{t-1}$	−0.10	−0.04	−0.08	−0.17	−0.15 **	0.08
	(−0.95)	(−1.01)	(−0.79)	(−1.33)	(−2.60)	(0.60)
$Dgrowth_{t-1}$	0.26 ***	0.03	0.22 ***	−0.17	−0.05	−0.05
	(2.92)	(0.90)	(2.73)	(−0.96)	(−1.03)	(−0.25)
Exg_{t-1}	0.37 *	0.12 **	0.23	0.16	−0.05	0.12
	(1.73)	(2.08)	(1.15)	(0.64)	(−0.54)	(0.46)
$Uncertainty_{t-1}$	−0.00	−0.00	−0.00	−0.00	0.00	−0.00
	(−0.67)	(−0.03)	(−0.64)	(−0.44)	(0.74)	(−0.96)
Constant	7.45 ***	3.40 ***	4.70 *	7.69 ***	1.87	3.92
	(2.70)	(3.85)	(1.77)	(2.68)	(1.16)	(1.46)
观测	78	78	78	78	78	78
R^2	0.317	0.253	0.295	0.069	0.365	0.043

注：括号中为 t 值，***、** 和 * 分别表示在 1%、5% 和 10% 显著性水平下显著。

五、 考虑中国汇率制度改革的影响

样本期内中国监管当局采取了一系列汇率制度改革。2005 年之前人民币汇率实行盯住美元的固定汇率制；2005 年 7 月开始汇率改革以来，人民币汇率形成机制从单一盯住美元变成盯住一篮子货币，人民币波动幅度不断扩大，人民币中间价形成机制逐步市场化（周远游等，2017）。具体为：2005 年 7 月 21 日，中国宣布实行以市场供求为基础、参考一篮子货币进行调节、有管理的浮动汇率制度；2007 年 5 月 21 日，人民币对美元波幅限制由 0.3% 扩大到 0.5%；2012 年 4 月 16 日，银行间即期外汇市场人民币对美元交易价浮动幅度由 0.5% 扩大到 1%；2014 年 3 月 17 日，银行间即期外汇市场人民币对美元交易价浮动幅度由 1% 扩大至 2%；2015 年 8 月 11 日中间价参考前收盘价。

基于此，文章加入汇率改革政策变量（Policy）以累计上述汇率政策的变化。1998 年第一季度至 2005 年第一季度，Policy 取 0；2005 年第二季度至 2012 年第一季度，Policy 取 1；2012 年第二季度至 2014 年第一季度，Policy 取 2；2014 年第二季度至 2015 年第二季度，Policy 取 3；2015 年的第三季度至 2017 年第四季度，Policy 取 4。

表 5.5 显示，加入汇率改革政策变量并不改变上文回归的主要结果。对中国短期资本流入而言，汇率政策对其他投资流入和短期投资流入有显著负影响。对资本流出而言，汇率政策对证券投资和股权投资有显著正影响。即汇率政策改革减少了其他投资流入，增加了证券投资流出。

表 5.5　　　　汇率制度改革对中国短期跨境资本流入的影响

变量	短期流入	证券投资流入	其他投资流入	短期流出	证券投资流出	其他投资流出
	（1）	（2）	（3）	（4）	（5）	（6）
VIX_t	− 3.74 ***	− 0.81 ***	− 2.93 ***	− 0.41	− 0.40	− 0.01
	（− 3.85）	（− 3.06）	（− 3.12）	（− 0.37）	（− 0.74）	（− 0.01）

续表

变量	短期流入	证券投资流入	其他投资流入	短期流出	证券投资流出	其他投资流出
	（1）	（2）	（3）	（4）	（5）	（6）
$Dinterest_{t-1}$	-0.01	-0.03	0.02	-0.28*	-0.29***	0.01
	（-0.10）	（-0.78）	（0.19）	（-1.68）	（-4.07）	（0.06）
$Dgrowth_{t-1}$	0.27***	0.02	0.25***	-0.13	-0.04	-0.09
	（3.26）	（0.78）	（3.12）	（-0.85）	（-0.77）	（-0.52）
Exg_{t-1}	0.42*	0.11*	0.31	0.17	-0.04	0.21
	（1.94）	（1.97）	（1.46）	（0.72）	（-0.45）	（0.85）
$Uncertainty_{t-1}$	0.00	0.00	0.00	-0.00	-0.00	-0.00
	（0.09）	（0.09）	（0.07）	（-1.58）	（-0.33）	（-1.41）
$Policy_{t}$	-0.53	0.01	-0.54*	0.66	0.26	0.40
	（-1.54）	（0.08）	（-1.75）	（1.55）	（1.51）	（0.89）
$Constant$	11.10***	2.73***	8.38***	4.42	2.20	2.21
	（3.60）	（3.56）	（2.76）	（1.22）	（1.24）	（0.62）
观测	78	78	78	78	78	78
R^2	0.327	0.214	0.280	0.102	0.284	0.038

注：括号中为 t 值，***、** 和 * 分别表示在 1%、5% 和 10% 显著性水平下显著。

第二节　银行代客结售汇口径

本节以银行代客结售汇月度数据为研究对象，样本区间为 2010 年 1 月至 2017 年 12 月。之所以选择 2010 年 1 月作为样本区间的起始时间，原因在于国家外汇管理局公布的银行代客结售汇数据起始于 2010 年 1 月。此外，在回归中将相关被解释变量取对数处理，利差、汇率预期和中国经济不确定性指数取滞后一期以减少内生性的影响。

一、描述性统计

基于月度数据的分析与之前基于季度数据的分析相比一个潜在的优势在

于，短期跨境资本流动对国内外某些金融因素（例如利率、股票价格）等的冲击响应可能发生在一个很短的时间范围内，即套利行为频率较快，基于季度数据的分析可能会低估金融变量变动对套利活动的影响，而基于月度数据的分析也许能够更准确地刻画金融变量变动对套利活动的影响。例如短期跨境资本流动对加息的反应可能只在加息当月显著，如果基于季度数据进行回归未必能够在统计上发现这一相关关系。而基于月度数据的较高频分析能够更好地识别这一影响。

参照上节实证设计，采用如下回归：

$$CF_t = \alpha_i + \beta_1 \cdot VIX_t + \beta_2 \cdot Dinterest_{t-1} + \beta_3 \cdot Dgrowth_{t-1}$$
$$+ \beta_4 \cdot Expect_{t-1} + \beta_5 \cdot Uncertainty_{t-1} + \varepsilon_t \qquad (5.2)$$

其中，$Expect$ 为汇率预期变量。李晓峰和陈华（2008）、蒋先玲等（2012）均认为香港离岸人民币外汇市场受政府管制较少，香港离岸市场人民币汇率可以视为由供给和需求共同决定的市场均衡汇率。参照上述文献，本书以内地在岸市场人民币对美元即期汇率（CNY）与香港离岸市场 1 年期无本金交割远期汇率（NDF）的差异来衡量市场对人民币汇率的预期：$Expect > 0$ 表明香港离岸市场人民币价格高于在岸市场人民币价格，即预期人民币升值；反之则反是。

变量描述性统计（见表 5.6）显示，2010 年至 2017 年，即期结汇月度均值为 1313 亿美元，即期售汇月度均值为 1266 亿美元，每月即期平均净结汇 46.5 亿美元。从结构上来看，即期结售汇以经常账户结售汇为主：经常账户结汇均值为 1171 亿美元，金融账户结汇均值为 142 亿美元；经常账户售汇均值为 1084 亿美元，金融账户售汇均值为 174 亿美元；经常账户每月平均净结汇 86 亿美元，金融账户每月净售汇 32 亿美元。控制变量中，样本期内预期人民币对美元汇率平均每月贬值 636 个基点，VIX 取对数后均值为 2.8，中国 3 个月市场利率平均比美国同期利率高 3.8 个百分点，中国增长率平均比美国高 7.5 个百分点。

表5.6 变量描述性统计

变量名称	单位	均值	中位数	标准差	最小值	最大值
金融账户即期结汇	亿美元	142	137	44	72	309
直接投资结汇	亿美元	89	85	31	33	198
证券投资结汇	亿美元	24	20	19	3	131
其他投资结汇	亿美元	29	26	16	5	103
金融账户即期售汇	亿美元	174	146	103	40	617
直接投资售汇	亿美元	54	41	35	13	191
证券投资售汇	亿美元	25	17	25	2	122
其他投资售汇	亿美元	96	80	56	24	332
人民币汇率预期		-0.06	-0.08	0.13	-0.32	0.21
VIX（取自然对数）		2.79	2.76	0.29	2.32	3.60
中美利差	%	3.78	3.82	1.20	1.67	6.01
中美增长率差异	%	5.80	5.15	1.49	3.69	10.30
中国经济政策不确定性		207.7	162.5	133.6	26.14	694.9

二、 基本回归结果

（一）银行代客金融账户即期结汇影响因素

表5.7银行代客金融账户结汇影响因素回归显示，金融账户结汇受全球避险情绪显著负影响。中美利差和人民币汇率预期对金融账户结汇有显著正影响。中国经济政策不确定性对其有显著负影响，即中国经济政策不确定性增加，金融账户结汇规模下降［列（1）］。

金融账户结汇具体区分为直接投资结汇、证券投资结汇以及其他投资结汇，分别对应表中列（2）至列（4）。不同类型的金融账户结汇其影响因素存在较大差异。直接投资结汇并不受全球避险情绪的影响，但受到中美利差与人民币汇率预期的显著正影响，即中美利差缩小、预期人民币贬值，直接投资结汇规模下降。无论是证券投资结汇还是其他投资结汇，均受全球避险情绪显著负影响，但汇率预期因素并不显著。此外，直接投资结汇和证券投资结汇均受中国经济政策不确定性的显著负影响，即中国经济政策不确定性增加，直接投资结汇和证券投资结汇规模下降。

表 5.7　　　　　　　　　　银行代客金融账户即期结汇影响因素

变量	金融账户结汇	直接投资结汇	证券投资结汇	其他投资结汇
	（1）	（2）	（3）	（4）
VIX_t	− 0.40***	− 0.11	− 1.11***	− 0.83***
	（− 3.68）	（− 0.91）	（− 5.00）	（− 4.87）
$Dinterest_{t-1}$	0.06**	0.07***	− 0.09*	0.11***
	（2.61）	（2.95）	（− 1.90）	（3.06）
$Dgrowth_{t-1}$	− 0.05*	− 0.01	− 0.15***	− 0.09**
	（− 1.83）	（− 0.22）	（− 2.72）	（− 2.18）
$Expect_{t-1}$	0.65*	0.82**	− 0.56	0.44
	（1.89）	（2.15）	（− 0.80）	（0.82）
$Uncertainty_{t-1}$	− 0.00**	− 0.00***	− 0.00***	0.00
	（− 2.32）	（− 2.97）	（− 3.71）	（0.99）
$Constant$	6.24***	4.71***	7.62***	5.63***
	（19.13）	（13.04）	（11.34）	（10.97）
观测	95	95	95	95
R^2	0.343	0.405	0.490	0.435

注：括号中为 t 值，***、** 和 * 分别表示在1%、5%和10%显著性水平下显著。

（二）银行代客金融账户即期售汇影响因素

表 5.8 列（1）为银行代客金融账户即期售汇的影响因素。金融账户即期售汇受全球避险情绪正向影响，即全球避险情绪上升，金融账户售汇规模增加。中美利差对金融账户售汇有显著负影响，即中美利差缩小，金融账户售汇规模增加。经济增长率差异对金融账户售汇有显著负影响，即中美经济增长率差异扩大，金融账户售汇规模下降。人民币汇率预期对金融账户售汇的影响显著为负，即预期人民币贬值，金融账户售汇规模增加。中国经济政策不确定性对金融账户售汇有显著负影响。

金融账户售汇具体区分为直接投资售汇、证券投资售汇以及其他投资售汇，分别对应表中列（2）至列（4）。金融账户售汇各个类别的影响因素存在较大差异。直接投资售汇和证券投资售汇并不受全球避险情绪的影响，但受到中美利差、中美经济增长率差异与人民币汇率预期的显著负影响，即中美利差缩小、中美经济增长率差异收窄、预期人民币贬值将导致直接投资售汇和证券投资售汇规模增加。

表5.8　　　　　　　　银行代客金融账户即期售汇影响因素

变量	金融账户售汇	直接投资售汇	证券投资售汇	其他投资售汇
	（1）	（2）	（3）	（4）
VIX_t	0.45***	0.26	−0.15	0.71***
	(3.34)	(1.31)	(−0.59)	(5.17)
$Dinterest_{t-1}$	−0.07**	−0.11**	−0.11**	−0.02
	(−2.27)	(−2.60)	(−2.06)	(−0.66)
$Dgrowth_{t-1}$	−0.20***	−0.21***	−0.33***	−0.18***
	(−6.13)	(−4.28)	(−5.22)	(−5.15)
$Expect_{t-1}$	−1.86***	−1.41**	−3.21***	−1.86***
	(−4.32)	(−2.25)	(−4.00)	(−4.24)
$Uncertainty_{t-1}$	−0.00**	0.00	−0.00*	−0.00***
	(−2.32)	(0.55)	(−1.70)	(−3.95)
$Constant$	5.25***	4.55***	5.53***	3.70***
	(12.83)	(7.66)	(7.25)	(8.85)
观测	95	95	95	95
R^2	0.657	0.527	0.678	0.569

注：括号中为 t 值，***、**和*分别表示在1%、5%和10%显著性水平下显著。

三、　考虑惯性的影响

惯性可能对短期跨境资本流动产生影响，在回归中加入滞后一期的被解释变量进行检验。表5.9显示，证券投资结汇、直接投资售汇、证券投资售汇和其他投资售汇呈现出一定的惯性，其他回归结果与基本回归结果一致。

表 5.9　　　　　　惯性对金融账户结汇和金融账户售汇的影响

变量	金融账户结汇	直接投资结汇	证券投资结汇	其他投资结汇	金融账户售汇	直接投资售汇	证券投资售汇	其他投资售汇
	(1)	(2)	(3)	(4)	(5)	(6)	(7)	(8)
CF_{t-1}	0.17 *				0.39 ***			
	(1.69)				(3.93)			
FDI_{t-1}		0.16				0.29 ***		
		(1.54)				(2.73)		
$Portfolio_{t-1}$			0.39 ***				0.50 ***	
			(4.49)				(5.48)	
$Other_{t-1}$				0.11				0.40 ***
				(1.13)				(4.39)
VIX_t	-0.37 ***	-0.13	-0.80 ***	-0.75 ***	0.30 **	0.17	-0.13	0.48 ***
	(-3.41)	(-1.09)	(-3.75)	(-4.11)	(2.31)	(0.88)	(-0.62)	(3.48)
$Dinterest_{t-1}$	0.04 *	0.06 **	-0.05	0.10 **	-0.05 *	-0.08 *	-0.05	-0.02
	(1.82)	(2.02)	(-1.24)	(2.49)	(-1.91)	(-1.96)	(-1.14)	(-0.88)
$Dgrowth_{t-1}$	-0.04	-0.00	-0.09 *	-0.08 *	-0.14 ***	-0.16 ***	-0.17 ***	-0.12 ***
	(-1.52)	(-0.17)	(-1.85)	(-1.98)	(-3.97)	(-3.09)	(-2.78)	(-3.64)
$Expect_{t-1}$	0.56	0.69 *	-0.25	0.45	-0.96 **	-0.78	-1.46 *	-0.91 **
	(1.62)	(1.80)	(-0.40)	(0.83)	(-2.08)	(-1.21)	(-1.90)	(-2.00)
$Uncertainty_{t-1}$	-0.00 **	-0.00 ***	-0.00 **	0.00	-0.00 *	0.00	-0.00	-0.00 ***
	(-2.20)	(-2.80)	(-2.44)	(0.88)	(-1.87)	(0.56)	(-1.13)	(-2.90)
$Constant$	5.32 ***	4.09 ***	5.01 ***	5.08 ***	3.31 ***	3.34 ***	3.03 ***	2.26 ***
	(8.43)	(7.60)	(5.95)	(7.15)	(5.32)	(4.62)	(3.77)	(4.49)
观测	95	95	95	95	95	95	95	95
R^2	0.364	0.420	0.585	0.443	0.708	0.564	0.760	0.647

注：括号中为 t 值，***、** 和 * 分别表示在 1%、5% 和 10% 显著性水平下显著。

第三节　小结

本章分别运用 1998 年第一季度至 2017 年第四季度中国国际收支平衡表季度数据和 2010 年 1 月至 2017 年 12 月银行代客结售汇数据分析了中国跨境资

本流动的影响因素。国际收支平衡表数据研究发现，中国短期跨境资本流入受全球因素、国内外经济增长率差异和汇率变动的影响，而这些因素对短期跨境资本流出的解释力度较弱。银行代客结售汇数据显示，金融账户结汇与金融账户售汇均受全球因素、经济增长率差异、利差、人民币汇率预期和中国经济政策不确定性影响。考虑惯性因素并不改变本章主要的研究结论。

第六章
中国跨境资本流动
宏观审慎管理历程

　　"十三五"规划明确提出,推进汇率和利率市场化,有序实现人民币资本项目可兑换,稳步推进人民币国际化。这意味着随着汇率市场化、金融自由化、人民币国际化的逐步推进,中国的国际影响力将从传统的贸易投资领域扩展到货币金融领域,未来中国跨境资本流动管理框架将发生趋势性的变化。本章首先从结售汇宏观审慎管理和外债宏观审慎管理两个维度对中国跨境资本流动宏观审慎管理政策框架进行概述,然后实证评估了 2015 年针对远期售汇征收风险准备金的宏观审慎管理政策效果。

第一节　中国结售汇宏观审慎管理历程

　　在讲中国的结售汇业务之前,有必要先对中国的外汇市场作一个简单介绍。了解中国外汇市场现状是理解中国外汇管理的基础。

一、 银行零售外汇市场和银行间外汇市场

　　经过多年的发展,目前中国外汇市场已经形成了以银行结售汇制度为基础的银行零售外汇市场和全国统一的银行间外汇市场构成的双层市场体系。

银行对客户市场是指企业、个人主要作为价格接受方，在银行办理人民币对外汇交易，也就是外汇管理所称的结售汇业务。银行间市场是指金融机构之间通过中国外汇交易中心、货币经纪公司等指定交易平台进行人民币对外汇交易的市场。金融机构在银行间外汇市场既可以对冲代客和自身结售汇头寸，也可以在规定范围内开展自营和做市交易。

银行对客户市场与银行间市场的分层性体现在，企业、个人只能作为金融机构的客户开展交易而不能进入银行间市场，金融机构之间也不能在银行间市场之外进行交易，两个市场适度分离。银行对客户市场与银行间市场的统一性体现在，金融机构将代客结售汇头寸在银行间市场平盘，使两个市场的资金、价格内在联系，前者重在形成市场供求，后者重在形成市场价格，量与价互联互通。

二、　银行结售汇制度始自 1994 年外汇管理体制改革

自 1994 年 1 月 1 日起，国家取消各类外汇留成、上缴和额度管理制度，对境内机构经常项目下的外汇收支实行银行结汇和售汇制度。银行结售汇业务是一项政策性、行政性较强的业务。银行在办理结售汇业务时，需按照外汇管理规定对企业和个人结售汇交易背景的真实性和合规性审核。同时，银行办理结售汇业务的净差额通过银行间外汇市场平盘，对人民币汇率和外汇储备产生影响，并通过基础货币投放影响货币政策和宏观经济政策。鉴于此，银行结售汇头寸管理具有重要意义，在微观上是银行的外汇风险管理重点，在宏观上是人民币汇率形成机制和外汇市场运行的重要组成部分。

为了适应人民币汇率市场化改革进程，银行结售汇头寸管理也在不断变化和完善。

2001 年至 2005 年，银行结售汇头寸实行收付实现制下的正区间管理。根据规定，银行可在核定的头寸上下限区间内自主选择增持或减持头寸。2005年人民币汇率改革后，为了适应市场发展，特别是外汇衍生产品市场的发展，

外汇局开始实行结售汇综合头寸管理，2006 年 1 月起对银行间外汇市场做市商银行试行权责发生制头寸管理原则，当年 7 月推行至所有银行。

2006 年开始的银行结售汇头寸权责发生制下的正区间管理一直持续至 2010 年。收付实现制下的正区间管理和权责发生制下的正区间管理差异在于，权责发生制允许远期结售汇签约计入头寸，即银行在远期结售汇签约后即可到即期银行间市场平盘；收付实现制只允许远期结售汇履约计入头寸，即银行需在远期结售汇履约而非签约时才可到即期银行间市场平盘。市场机制的理顺极大地促进了远期、期权等外汇衍生产品的发展。

随着人民币升值预期的变化，客户不断调整远期结售汇签约策略。2010 年 10 月，由于银行与客户大量续做远期结汇业务，然后通过即期外汇市场平盘，导致央行净购汇增长很快，加大了市场不平衡的压力。自 2010 年 11 月 9 日起，外汇局对银行按照收付实现制原则计算的头寸余额实行下限管理，限制了远期净结汇通过即期外汇市场平盘，从而抑制了新签远期结汇合约。2012 年 4 月 16 日，为配合扩大人民币汇率浮动幅度、增强人民币汇率双向浮动弹性，外汇局对银行的结售汇综合头寸开始实行正负区间管理，允许银行持有外汇的空头头寸，由此提高银行外汇交易和风险管理的灵活性与主动性。此前基于人民币汇率形成机制和外汇市场发展的实际情况，外汇局规定银行的结售汇头寸下限不能低于零，即银行只能持有一定规模的外汇多头头寸，不能持有外汇空头头寸。这是银行结售汇头寸管理非常重要的转变。

三、 银行结售汇头寸管理积极运用于跨境资本流动宏观调控

2012 年底以来，人民币升值预期有所恢复，中国企业和个人等非银行部门结售汇顺差从低位大幅度回升，2013 年反弹速度进一步加快，第一季度顺差达 1693 亿美元，其中一个重要原因是企业利用银行国内外汇贷款替代购汇。为此，外汇局调整对银行结售汇综合头寸的管理，将银行结售汇综合头寸限额与外汇存贷款规模挂钩，如果银行外汇贷存比（境内外汇贷款余额/外汇存款

余额）超过参考贷存比的银行，要求其在规定的时限内将综合头寸①调整至下限以上。

政策出台后，银行一方面增持结售汇综合头寸，另一方面控制并压缩国内外汇贷款规模，国内外汇贷款规模逐月下降，国内外汇贷存比得到了控制。2014 年 12 月，由于外汇供求形式再次发生变化，外汇局及时取消了这一临时性限制措施。

第二节　中国国际收支平衡表
其他投资项宏观审慎管理历程

国际收支平衡表口径下，中国目前经常账户下已经基本实现了开放，金融账户项下部分项目实现了部分可兑换（见表 6.1）。在"引流入、控流出"的总体方针下，对外商直接投资基本放开，对证券投资也有放开的大举措，包括允许外资机构设立全资基金公司、取消合格机构投资者证券市场投资额度等。目前中国对国际收支平衡表金融账户项下其他投资流入仍进行严格管理，对金融账户项下流出方向的管理较流入更为严格。

---

①　银行结售汇综合头寸管理遵循以下原则：一是按权责发生制计算头寸。银行与客户签订远期结售汇合约后，即银行承担汇率风险时，即可将其计入结售汇综合头寸。二是限额管理。为防止银行囤积外汇和过量抛售外汇，下限一般为零，上限由外汇局核定。外汇局根据国际收支状况、银行的结售汇业务量和本外币资本金（或者营运资金）以及资产状况等因素，核定银行的头寸限额。三是按天管理。每个交易日结束时银行的结售汇综合头寸应保持在外汇局核定的限额内。对于临时超过核定限额的，银行应在下一个交易日结束前调整至限额内。四是要求银行定期将统计与会计科目进行核对。

综合头寸余额＝收付实现制头寸余额＋对客户远期结售汇累计未到期＋对客户未到期期权 Delta 净敞口。

表 6.1   中国资本项目开放情况

类型	交易对象	交易种类	交易方式	是否可兑换
对资本市场和货币市场工具的管制	资本市场证券	买卖股票或有参股性质的其他证券	非居民在境内购买	部分可兑换
			非居民在境内出售或发行	不可兑换
			居民在境外购买	部分可兑换
			居民在境外出售或发行	部分可兑换
		债券和其他债务性证券	非居民在境内购买	部分可兑换
			非居民在境内出售或发行	部分可兑换
			居民在境外购买	部分可兑换
			居民在境外出售或发行	部分可兑换
	货币市场工具	—	非居民在境内购买	部分可兑换
			非居民在境内出售或发行	不可兑换
			居民在境外购买	部分可兑换
			居民在境外出售或发行	部分可兑换
	集体投资类证券	—	非居民在境内购买	部分可兑换
			非居民在境内出售或发行	部分可兑换
			居民在境外购买	部分可兑换
			居民在境外出售或发行	部分可兑换
对衍生工具和其他工具的管制	—	—	非居民在境内购买	部分可兑换
			非居民在境内出售或发行	不可兑换
			居民在境外购买	部分可兑换
			居民在境外出售或发行	部分可兑换
对信贷业务的管制	商业信贷	—	居民向非居民提供	可兑换
			非居民向居民提供	可兑换
	金融信贷	—	居民向非居民提供	可兑换
			非居民向居民提供	部分可兑换
	担保、保证和备用融资便利	—	居民向非居民提供	部分可兑换
			非居民向居民提供	部分可兑换
对直接投资的管制	外商直接投资	—		可兑换
	对外直接投资			可兑换
对直接投资清盘的管制				可兑换

续表

类型	交易对象	交易种类	交易方式	是否可兑换
对不动产交易的管制		—	居民在境外购买	部分可兑换
			非居民在境内购买	部分可兑换
			非居民在境内出售	可兑换
对个人跨境资本流动的管制	贷款	—	居民向非居民提供	部分可兑换
			非居民向居民提供	部分可兑换
	礼品、捐赠、遗赠和遗产	—	居民向非居民提供	部分可兑换
			非居民向居民提供	可兑换
	外国移民在境外的债务结算	—	—	可兑换
	资产的转移	—	移民向国外的转移	部分可兑换
			移民向国内的转移	可兑换
	博彩和中奖收入的转移	—	—	部分可兑换

资料来源：谈俊（2018）.

目前中国对国际收支平衡表中其他投资项下跨境资本流动的审慎管理主要针对居民与非居民的债权债务交易涉及的汇兑行为，主要管理内容包括外债管理和跨境担保管理，主要为数量管理和汇兑管理。其中，数量管理宗旨在于控制对外借款规模[1]。具体地，外债管理主要为外债登记管理和短期外债[2]余额指标管理。外债登记管理指的是凡是借用外债的境内机构需要向国家外汇管理局及其分支机构登记所借用外债的币种、金额、利率以及期限等信息。汇兑管理主要包括登记、开立账户、结汇、购付汇等内容。

表6.2和表6.3显示，其他投资项下跨境资本流动的管理适用于价格型调节工具，未来，中国其他投资项下的跨境资本流动管理可以从行政型管理和数量型管理为主向价格型管理为主转变。

---

[1] 目前国内个人不允许借用外债。

[2] 短期外债指偿还期限在1年以内的对外借款。短期外债由于偿付压力大和对流动性的巨大影响而成为监管重点，许多新兴经济体爆发的主权债务危机都源于短期外债占比过高导致的流动性问题。

表6.2　　　　金融账户项下各子目跨境资本流动的价格调节工具

项目	价格敏感程度	价格影响因素	价格型宏观审慎管理工具
直接投资	不敏感	无	不适用价格型调节工具
证券投资	一般敏感	汇率、收益率	适用价格型调节工具，重点对人民币汇兑损益进行调节
其他投资	非常敏感	汇率、利率	适用价格型调节工具，重点对人民币汇兑损益进行调节
其中：货币和存款	非常敏感	利差	适用价格型调节工具，重点对银行间跨境融资、同业拆借利率进行调节
贷款	非常敏感	境内外贷款利差	适用价格型调节工具，重点对境内外美元贷款利差进行调节
贸易信贷	比较敏感	汇率	适用价格型调节工具，重点对人民币汇兑损益进行调节

资料来源：国家外汇管理局江苏省分局课题组（2017）。

表6.3　　　　　　　当前中国主要的外汇调节工具

项目	工具	主要管理内容	管理效力	工具类型	指标类型
经常账户	货物贸易	总量指标限制	任一总量核查指标与本地区指标阈值偏离程度不超过50%或连续四个核查期不超过本地区指标阈值	超指标后进行真实性审核	事后监测类、数量型指标
		贸易信贷比例限制	各项贸易信贷余额比例不大于25%；一年以上各项贸易信贷发生额比例不大于10%	超指标后进行真实性审核	事后监测类、数量型指标
		来料加工收汇比例管理	来料加工缴费率不大于30%	超指标后进行真实性审核	事后监测类、数量型指标
		转口贸易收汇比例限制	转口贸易收支差额占支出比例不大于20%	超指标后进行真实性审核	事后监测类、数量型指标
	服务	收付汇额度限制	单笔等值5万美元（含）以下服务贸易外汇收支业务，原则上可不审单	超指标后进行真实性审核	事后监测类、数量型指标

续表

项目	工具	主要管理内容	管理效力	工具类型	指标类型
资本与金融账户	直接投资	前期费用规模限制	外国直接投资前期费用登记金额不得超过 30 万美元；境外直接投资前期费用累计汇出额原则上不超过 300 万美元，且不超过中方投资总额的 15%	超出限制按个案处理	数量型指标
		账户期限限制	外国直接投资前期费用外债账户有效期 6 个月；境内机构自汇出前期费用之日起 6 个月内仍未设立境外投资项目或购买境外房产的，应向国家外汇管理局报告前期费用使用情况并将剩余资金退回	超出限制可申请延长，最长不超过 12 个月	事后监测类、行政型指标
	境外放款	放款比例限制	境内企业累计境外放款额度不得超过所有者权益的 30%（跨国公司试点不得超过 50%）	超出限制按个案审议	数量型指标
		主体资格限制	境内企业只能向境外具有股权关联关系的企业放款	不允许对其他主体放款	行政型指标
	跨境担保	或有债务规模限制	外保内贷担保履约后形成的对外负债，境内债务人未偿还本金金额不得超过其上年度未经审计的净资产数额	不允许超指标	数量型指标
	企业外债	外资企业外债投注差限制	外资企业实际可对外借款额度按"投注差"上限乘以外方股东出资到位比例进行计算	不允许超指标	数量型指标
		中资企业短期外债	中资企业短期外债余额不得超过国家外汇管理局核定的指标	不允许超指标	数量型、行政型指标
	银行短期外债	短期外债指标	法人银行短期外债余额不应超过国家外汇管理局核定的指标	不允许超指标	数量型、行政型指标

续表

项目	工具	主要管理内容	管理效力	工具类型	指标类型
资本与金融账户	证券投资	主体资格限制	合格境内机构投资者和合格境外机构投资者资质要求	不允许其他主体投资	行政型指标
		额度限制	QDII① 投资额度、资金汇出入限额要求	不允许超额度	数量型指标
	个人	个人结售汇额度限制	个人年度结汇、购汇、对外付汇总额不超过等值 5 万美元	超指标后进行真实性审核	数量型指标
		主体资格限制	境内个人境外购买自用房地产、境外直接投资、境外衍生金融工具投资、境外贷款尚未放开	不允许办理	行政型指标
	其他	结售汇头寸管理	法人银行权责发生制结售汇综合头寸不应超过国家外汇管理局核定的上下限	不允许超指标	数量型指标

资料来源：赵文兴和孙蕾（2015）。

一、 2000 年以前中国其他投资管理概况

2000 年之前中国外汇相对短缺，银行体系和金融市场尚待健全，现代企业制度尚未完全建立。特别是受拉美债务危机、亚洲金融危机等影响，中国对借用外债和跨境担保业务实行严格控制，以避免过度借债影响经济发展的可持续性。管理手段以行政控制为主，宏观方面通过核定外债和对外担保指标来控制总规模，防范系统性风险；微观方面注重防范债务人单笔偿付风险，对账户的开立、资金的结汇和购汇实行逐笔审批。

根据偿还能力和国内资金配套能力，对除外商投资企业以外的境内机构外

---

① 目前 QFII 和 RQFII 的总额度以及单家额度均取消。

债和对外担保实行规模管理，借用外债必须纳入国家中长期规划和年度计划，以保持适当规模和合理结构。借用中长期外债需向国家发展和改革委员会申请发生额指标，借用短期外债需向外汇局申请余额指标。此外，财政部对外借款需报国务院审批。中外资金融机构对外担保需向外汇局申请担保余额指标，中资企业对外担保应经外汇局逐笔审批。相对于中资企业，外商投资企业借用外债和对外担保则要宽松许多，事实上享受超国民待遇，外商投资企业按照"投注差"（投资总额与注册资本两项之差）原则管理，外商投资企业在"投注差"内自行对外借款和进行对外担保。

在审批、审核和登记管理制度方面，借用外债从项目审批、账户开立、结汇、还本付息和担保履约等均须外汇局逐笔审批，以保证外债项下外汇收支的合法性和合规性。对借用外债获得资金的结汇也有非常严格的规定，外商投资企业的外汇可以结汇，而境内金融机构以及中资企业的直接对外借款不允许结汇。同时，外债和对外担保均实行逐笔登记，以加强对利用国外贷款项目借、用、还全过程的信息监测和全口径的外债统计。

二、 2000 年以来其他投资管理改革的思路与举措

21 世纪以来，中国加入世界贸易组织，国民经济保持快速增长，经济发展水平和综合国力不断提高，对外开放程度日益加深，日益发展成为全球重要的经济大国和贸易大国。其他投资项下的管理措施改革也在不断与时俱进。

（一）2000 年至 2008 年，建立对外债务基本管理框架

随着人民币资本项目可兑换进程的推进，中国外债管理也取得了新进展。2003 年，国家发展计划委员会、财政部和国家外汇管理局联合发布《外债管理暂行办法》，明确了外债管理范围，确立了外债管理分工。当时的国家发展计划委员会负责编制国外贷款计划以及核定中长期国际商业贷款指标；外汇局负责核定短期外债余额指标，办理外债的签约和提款登记、部分还本付息业务

核准、相关结售汇管理以及外债统计监测；财政部负责主权债务的对外签约和获得资金的使用管理；商务部则根据相关规定确定外商投资企业的投资总额和注册资本。2004 年，国家发展和改革委员会、中国人民银行和中国银行业监督管理委员会又联合发布《境内外资银行外债管理办法》，至此建立了"统一领导、分工负责、加强管理"的外债管理基本框架，统一了中外资银行的外债政策待遇，促进了中国全口径外债统计监测体系的建立。

（二）2009 年和 2014 年，大力简政放权，促进跨境投融资便利化

大幅简化外债登记管理。2013 年，外汇局取消外债账户开立、资金结汇和还本付息等业务审批事项，债务人不再到外汇局办理逐笔审批，而是在完成外债签约登记后直接到银行办理结汇和购付汇手续。同时，进一步完善外债登记和统计监测，防范外债风险。2013 年的改革大大简化了外汇业务办理流程，减轻了银行和企业的负担，基本实现了除外债签约以外兑管理由事前审批向事后监管转变，以及外债数据系统化采集，为外债项下逐步向宏观审慎管理转变奠定了坚实的基础。

开展中资企业外债规模管理改革试点。2009 年，为落实国务院关于"促出口""保增长"的宏观调控政策，外汇局开展了中资企业外汇融资试点，选择四川、广东和浙江开展试点工作：一是适度增加上述地区的短期外债余额指标；二是将短期外债指标核定权力下放至上述地区的外汇局分局。

2010 年，在总结四川、广东和浙江三个地区试点经验的基础上，将中资企业借用短期外债政策在全国推广。各外汇局分局在地区指标内，为符合条件的中资企业核定短期外债指标，用于与进出口贸易有关的境外融资。此次改革帮助中资企业扩大了跨境融资渠道，逐渐缩小了中外资企业在外债管理政策上的差距。

2010 年第四季度跨境资本快速流入中国，为缓解跨境资本流入压力，外汇局下调了境内金融机构 2011 年度短期外债指标规模，并对外商投资企业资本金和外债结汇进行更为严格的真实性审核。

2014 年下半年开始，随着美联储加息预期的不断升温，以及中国经济增长步入新常态，跨境资本从流入中国转变为流出中国。相应地，对外债的管理也随着国际收支情况的改变发生变化。

（三）2015 年以来，深化外债结汇管理改革，探索建立健全宏观审慎管理框架，逐步统一中外资的本外币外债管理

党的十八届三中全会对"建立健全宏观审慎管理框架下的外债和资本流动管理体系"提出了新的要求。在此背景下，外汇局开始了外债宏观审慎管理模式的探索，其思路主要是统一中外资机构以及本外币外债管理政策，将外债管理的重点由关注单个债务主体的偿债风险转变为重点关注国际收支风险和维护整个金融系统的稳定。

2015 年 2 月，外汇局批准在北京中关村国家自主创新示范区核心区、张家港保税港区、深圳前海深港现代服务业合作区开展以企业外债比例自律为主要方式的宏观审慎管理试点。这一政策的出台，标志着中国外债管理由行政审批向比例自律迈出了关键一步。

2015 年 8 月 11 日，中国人民银行将人民币汇率中间价下调 1000 点，人民币一次性贬值 2%（以下简称"8·11"汇改）。"8·11"汇改下市场对人民币贬值预期不断加强，境内企业提前偿还对外借款，导致外债规模下降，外汇储备急剧减少，中国监管当局的思路从限制外债流入转变为鼓励外债流入。尤其是 2016 年出台的《中国人民银行关于在全国范围内实施全口径跨境融资宏观审慎管理的通知》，将全口径跨境融资宏观审慎管理由试点地区推广至全国，并且允许境内金融机构和企业在与自身资本或净资产挂钩的跨境融资上限内自主开展本外币跨境融资，不再需要事前行政审批，中资企业借用外债更加便利，且企业从境外借入人民币和外币外债均按统一模式管理。中国人民银行根据宏观经济热度、国际收支状况和宏观金融调控需要对跨境融资杠杆率、风险转换因子、宏观审慎调节参数等进行调整（见表 6.4）。

表6.4 企业和金融机构跨境融资余额管理计算公式

指标	计算公式
跨境融资风险加权余额	跨境融资风险加权余额 ≤ 跨境融资风险加权余额上限
跨境融资风险加权余额	跨境融资风险加权余额 = ∑本外币跨境融资余额 × 期限风险转换因子 × 类别风险转换因子 + ∑外币跨境融资余额 × 汇率风险折算因子
期限风险转换因子	还款期限在1年（不含）以上的中长期跨境融资的期限风险转换因子为1，还款期限在1年（含）以下的短期跨境融资的期限风险转换因子为1.5
类别风险转换因子	表内融资的类别风险转换因子设定为1，表外融资（或有负债）的类别风险转换因子暂定为1
汇率风险折算因子	0.5

资料来源：http://www.safe.gov.cn/。

长期以来，外商投资企业在外债结汇政策上享有超国民待遇。外商投资企业外债资金可以在实需原则下持相关真实性证明材料办理结汇，中资企业不仅举借外债受到严格管理，还只能借外汇用外汇，并不能够结汇。2016年4月，外汇局允许中资非金融企业外债资金结汇使用，拉平了中外资资金结汇管理政策待遇。同年6月，又在上海、广东、天津和福建四个自由贸易试验区外债意愿结汇时点经验的基础上，全面实施外债资金意愿结汇管理，允许企业自由选择外债资金结汇时机，对外债和资本金等资本项目收入实施统一的负面清单管理，并强化事后监测监管。这一改革收到了良好效果，政策实施后全国外债资金结汇量大幅攀升。

三、 外债宏观审慎管理经验

随着中国企业等微观个体可以自主借用外债，未来中国监管当局对外债流入的管理可以借鉴巴西和韩国的做法。巴西对2008年国际金融危机后发达经济体的量化宽松政策导致了国际资本流动性过剩，大量跨境资本流入巴西、韩国等新兴经济体。巴西在短期外债流入占比过高的情况下采取对短期外债征税的价格管理措施来进行宏观审慎管理；韩国则是采取限制银行外汇衍生品头寸和对非核心外币负债征收宏观审慎税的管理措施来抑制银行部门外债的增长。

（一）巴西对不同期限外债流入歧视性征税

2009 年至 2011 年巴西外债规模尤其是短期外债规模大幅度增加，巴西监管当局对少于一定期限的外债征税，具体为：2011 年 3 月之前，对期限少于 90 天的债务类资本流入征收 5.38% 的税，2011 年 3 月，对期限少于 360 天的外债征收 6% 的税，一周后，监管当局将期限延长至 720 天，2012 年 3 月期限再次延长至 1080 天，一周后调整至 1800 天，2012 年 7 月，期限恢复至 720 天。

巴西对外债管理的政策效果如何？巴西中央银行网站数据显示，2011 年 1 月至 3 月，短期外债（1 年内）占比在 50% 左右。2011 年 3 月对期限在 1 年以内的外债征收 6% 的税后政策实施后，4 月期限 1 年以内的外债占比降为 0.3%，1 年以内的外债金额从 3 月的 65 亿美元缩减为 2600 万美元。同时，外债期限在 2 年以上的外债占比超过 70%。巴西监管当局通过税收的价格调节作用成功地将外债期限延长。2012 年，随着监管当局进一步提高外债征税期限，市场参与者提高外债持有期限，5 年以上的外债占比高达 90%。巴西对一定期限以内的外债征税有效延长了外债流入的期限。

（二）韩国对短期外债流入征收宏观审慎税

同一时期韩国大规模跨境资本流入推高了韩元汇率，韩国作为出口导向的国家，汇率风险是影响出口商利润的重要因素。为了对冲韩元不断升值的风险，韩国公司大量卖出了美元外汇远期。银行作为其外汇远期交易对手方，在风险对冲的需求下于国际资本市场上大量借入美元资金。上述操作实现了银行的汇率风险转移，却导致韩国银行的短期外债迅速增加，形成银行的短期跨境资本流入。一旦银行跨境资本发生逆转，将加剧汇率风险对金融体系的传导，极易转变成宏观经济系统性风险。

为了抑制银行短期外债的持续增加，增强银行的稳健性，韩国监管当局于 2010 年 10 月开始对银行外汇衍生品头寸实施限额管理。政策规定，国内银行外汇衍生品头寸占资本金的比例限额为 50%、外国银行韩国分行外汇衍生品头寸占资本金的比例限额为250%。为了减少对银行现有业务的影响,该项措施只针对银行新增的衍生品头寸。韩国监管当局除了采用限制银行外汇衍生品头寸外,还采取了对银行非核心外币负债[①]征收"宏观审慎税"(Levy)的措施。具体内容是:1年以内的非核心外币负债税率为0.2%,1~3年的非核心外币负债税率为0.1%,3~5年的非核心外币负债税率为0.05%,5年以上的非核心外币负债税率为0.02%。上述政策成功抑制了银行外债规模的进一步增加。

第三节　中国跨境资本流动宏观审慎管理实践

一、 中国2015年对跨境资本流出的宏观审慎管理

2015年"8·11"汇改下市场上形成人民币贬值预期,大量客户与银行开展远期售汇业务,导致银行远期售汇规模出现大幅增长。远期结售汇是一种汇率风险规避工具,指企业和银行通过签署合约锁定未来结汇或售汇时的汇率。在中国开展结售汇业务需要满足实需原则,个人客户不能参与远期市场,有外汇收支业务的企业方可参与。理论上来说,远期合约一旦签署,企业即实现汇率方面的套期保值,不必再担心未来的汇率波动,但在实际操作中,企业签署远期结售汇合约的目的差别很大。

企业开展远期结售汇业务一般有套期保值、汇率投机和跨境套汇三个目的。套期保值类企业需要满足两个基本特点:一是有实际的贸易和投资背景,即在可预见的未来,企业的确需要进行结汇或者售汇操作以满足企业运营的客观需求;二是企业签署远期结售汇合约的主要决策依据是合约规定的到期日结

---

① 核心外债指非居民在韩国银行部门的存款,非核心外币负债是外币负债总量减去核心外债的值。以银行部门的非核心外币负债为税基,依据其期限征收不同税率,期限越长税率越小。

售汇价格是否能够满足企业的成本或者盈利要求，即套期保值类企业最关注的是自身的成本收益核算，而非市场汇率的未来走势。远期结售汇"汇率投机型"企业可以进一步细分为"纯粹的投机者"和"套保—投机混合型"。"纯粹的投机者"签署远期合约的目的在于对汇率走势进行对赌，这类合约通常不会在合约到期日进行履约或者交割，而是选择在到期日前委托银行进行平盘。而"套保—投机混合型"在结售汇签约时点选择上类似"纯粹的投机者"，希望通过远期合约赚取尽可能高的投机收益；这类企业具有真实的贸易或者投资背景，但远期合约到期时间与其未来收付款的时间可能并不一致，远期合约签约规模和企业实际兑换需求可能也不一致。远期结售汇"跨境套汇型"企业关注的是境内外汇差。例如 2015 年 8 月 13 日，境内美元对人民币 1 年期远期报价约为 6.56，而离岸市场的报价最高达到 6.67，二者相差 1000 多个基点。企业若在境内签署远期售汇合约，同时在离岸市场签署远期结汇合约，则可以实现无风险套利。

国家外汇管理局数据显示，2015 年 8 月银行远期售汇规模为 789 亿美元，为上月远期售汇规模 319 亿美元的 2.5 倍。客户与银行开展远期售汇业务对汇率产生重要影响，因为银行为了熨平自身外汇空头头寸，需要在即期市场上大量买入外汇，即期市场上对外汇的需求上升导致即期人民币对美元贬值，人民币汇率贬值进一步引致投资者开展远期售汇业务。

为应对远期售汇规模的增长，中国人民银行出台了针对金融机构远期售汇签约额①交存 20% 无息外汇风险准备金的宏观审慎管理（中国人民银行，2017）。针对远期售汇征收无息准备金提高了金融机构做空人民币的交易成本，金融机构将成本转移给市场上的投资者，从而运用价格手段抑制市场上做空人民币的行为。

---

① 远期售汇签约额包含期权和掉期签约额。远期结售汇属于外汇衍生品业务，市场参与者通过购买（出售）远期外汇锁定汇率价格。

对外汇衍生品市场进行管理的做法不是中国监管当局的特例，巴西和韩国在 2009 年至 2010 年大规模跨境资本流入期间对银行部门外汇衍生品业务进行管理以应对货币快速升值。韩国采取数量管理措施，通过限制银行部门外汇衍生品头寸与资本金的比例来限制市场上汇率投机；巴西则采取价格管理措施，通过对超过一定数额的外汇衍生品征收风险准备金来进行管理。韩国和巴西均在国内经济特定形势下限制市场上做多本币，中国则为限制市场上做空本币，原理一致，而调控方向相反。

针对远期售汇征收风险准备金政策出台后，银行代客远期售汇规模从 2015 年 8 月的 789 亿美元下降至 9 月的 176 亿美元，市场上的投机行为得到抑制。图 6.1 显示，2015 年 9 月银行代客远期售汇规模降至 176 亿美元，10 月继续降至 53 亿美元，缴存风险准备金措施取得初步成效。随着跨境资本流动和外汇市场供求恢复平衡，市场预期趋于理性，2017 年 9 月中国人民银行及时调整为抑制外汇市场顺周期波动出台的逆周期宏观审慎管理措施，将外汇风

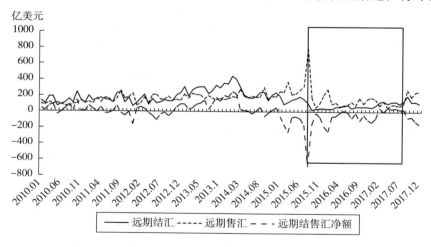

注：方框代表政策执行期间。

图 6.1　银行代客远期结售汇规模

（数据来源：http：//www. safe. gov. cn/）

险准备金率调整为零。2018 年 8 月中国人民银行再次恢复对远期售汇征收20% 的风险准备金。

二、　上海自贸区跨境资本流动宏观审慎管理实践①

针对自贸区开放和可兑换条件下跨境资本流动的特点，人民银行上海总部在创新账户体系和探索宏观审慎管理等方面进行了多维度的安排。

（一）建立分账核算管理下的自由贸易账户体系

资金的流动通常是无形的，与物理空间的关系不大。因此，在相对封闭的区域内推动金融改革开放创新，通常因溢出效应而较难设计。考虑到资金流转和停留都离不开账户，人民银行确定了以账户为基点来建立资金和业务风险的电子围网方案。自由贸易账户体系是一套以人民币为本位币、账户规则统一又兼顾本外币风险的可兑换账户，是对现有多个人民币专用账户和外币专用账户的集成，可以使经济主体只需管理一个账户就可以实现跨境和境内跨区的资金收付。规则统一体现在跨境收付可以依托账户的可兑换功能自主选择本外币，境内跨区收付一律使用人民币等相关规则上。

中央要求在自贸区框架内先行先试资本项目可兑换等金融体制机制性改革，为全国实现可兑换积累经验。现阶段要求金融机构通过建立内部分账核算体系来管控风险，以放开向试验区内和境外各类主体提供相关金融服务的限制。在具体操作上，上海市金融机构根据两项实施细则的要求，按照"标识分设、分账核算、独立出表、专项报告、自求平衡"的规则建立试验区分账核算单元，为区内及境外经济主体提供自由贸易账户金融服务。账户各类主体可以自行选择本外币开展跨境结算，境内结算则统一使用人民币。同时，开展分账核算业务的金融机构应及时准确地向人民银行上海总部报送信息，并接受人民银行上海总部监管。

---

① 资料来源于中国人民银行上海总部课题组发表于《上海金融》2016 年第 6 期的研究成果。

（二）创设境外融资宏观审慎管理实施框架

中国人民银行上海总部于 2015 年 2 月发布了《中国（上海）自由贸易试验区分账核算业务境外融资与跨境资本流动宏观审慎管理实施细则》，并启动了分账核算境外融资业务试点。试验区内金融机构和企业可以通过运用其自由贸易账户，按照其资本规模自主从境外借入本外币资金。

自贸试验区内新的境外融资宏观审慎管理制度设计了一套包括杠杆率、风险转换因子、宏观审慎调节参数在内的、由宏观指标触发微观调控的参数指标体系，以管理境外融资时存在的风险。

这一政策充分拓展了自由贸易账户的服务功能，拓宽了企业和金融机构的境外融资渠道，降低了融资主体融资成本，在全国率先探索并初步建立了以资本约束为核心的本外币境外融资宏观审慎管理制度，为下一步开放条件下本外币一体化的事后监管积累了可复制、可推广的经验。

（三）自贸区资产证券化跨境业务宏观审慎管理

为规范自贸试验区企业资产证券化跨境业务相关的资金流动及风险管理，从结算币种、账户管理、一二级市场管理、备案管理、信息报送及监测预警指标等多个方面进行综合监管。

（四）建立宏观审慎管理框架下的跨境资本流动全口径日常监测体系

通过选择并设置相关指标，由系统根据采集的数据自动处理后作出初步分析判断，并提示监测人员和部门进一步研判。作出是否要发出进一步预警提示以及启动行动方案的决策。该系统作为日常性、常态化的监测，能够及时发现趋势性、苗头性以及异常情况，通过对趋势性、苗头性及异常作出自动识别和界定，以便工作人员对跨境资本流动的潜在风险做到提前识别和处理。

（五）构造宏观审慎管理框架下的跨境资本流动分级预警和应急处理政策工具箱

设计普通预警指标体系、专项预警指标体系、分级预警体系三层预警指标体系。同时，针对不同的预警级别，动用内嵌的各项宏观审慎调节参数或风险转换因子等对跨境资本流动以及交易进行调节。当事态无法通过预调进行遏制时，将动用包括延长账户资金存放期限、征收零息存款准备金等应急处理政策工具，确保事态控制在不发生系统性区域性风险的底线之内。

第四节　小结

本章评估了 2015 年中国人民银行资本流动宏观审慎管理措施的效果，研究显示，对远期售汇征收风险准备金的资本流动宏观审慎管理措施有效抑制了远期售汇规模。此外，人民币汇率贬值预期将增加远期售汇规模。针对远期售汇的宏观审慎管理增加了远期市场上做空人民币汇率的成本，并通过信号效应表明监管当局对人民币贬值预期的关注，达到稳定金融市场信心的目的。

针对上述研究发现，未来中国监管当局在管理跨境资本流入与流出时需要考虑汇率预期的影响。中国监管当局应当积极管理市场上人民币汇率预期，发挥汇率对跨境资本流动的自动稳定器作用。

第七章
新兴经济体跨境资本流动管理经验

因经济基础、金融市场发展、宏观经济管理、金融监管水平和资本项目开放程度等不同，发达经济体和新兴经济体跨境资本流动的组织架构、管理工具等存在较大差异。新兴经济体的跨境资本流动管理经验更值得中国借鉴与学习。比如在国际上，俄罗斯对跨境资本交易信息实施"交易护照"制度，超过 5 万美元、与进出口和服务以及与跨境借贷相关的外汇收付均须取得银行颁发的"交易护照"，银行以此为媒介实现对客户外汇收支的数据采集和全过程监督。

鉴于此，本章主要选取新兴经济体中的韩国和巴西为例，分析其他投资流入管理和证券投资跨境资本流动管理实践经验。韩国旨在抑制银行部门外债流入，采取的是数量管理措施，具体政策工具为限制银行部门外汇衍生品头寸。巴西旨在抑制证券投资流入，采取的是价格管理措施，具体政策工具为对非居民证券投资流入征收托宾税。韩国和巴西在应对大规模跨境资本流入过程中采取的资本流动管理措施能够为包括中国在内的其他新兴市场国家管理跨境资本流动提供有益的政策参考。表 7.1 列举了近年来新兴经济体对跨境资本流动管理方面的政策实践。

表 7. 1　　　　　　　新兴经济体资本跨境流动管理政策实践

国家	年份	目的	措施类型	具体措施
巴西	2009		资本管制	对股票和债券流入征收 2% 的税
巴西	2011		宏观审慎管理	对衍生品头寸征收 60% 无息准备金
巴西	2012		宏观审慎管理	对 720 天以内的外债征收 6% 的税
印度尼西亚	2010		资本管制	2010 年 12 月，对非居民存款征收更高的准备金
印度尼西亚	2010		宏观审慎管理	2010 年 12 月，限制银行短期外债头寸为资本金的 30%
韩国	2010	限制资本流入	资本管制	2010 年 11 月韩国监管当局重启对国外投资者购买韩国债券的利息收入征收 14% 的预扣税，对转让产生的资本利得征收 20% 的预扣税
韩国	2010		宏观审慎管理	对银行非核心外币负债征收"宏观审慎税"
韩国	2010		宏观审慎管理	国内银行外汇衍生品头寸占资本金的比例限额为 50%、外国银行韩国分行外汇衍生品头寸占资本金的比例限额为 250%
秘鲁	2010		宏观审慎管理	对外汇信贷风险暴露要求额外的准备金
秘鲁	2010		资本管制	将非居民购买短期央票的费用增至 4%，引导非居民投资长期国债
秘鲁	2010		资本管制	对非居民的存款要求 120% 的准备金
泰国	2010		资本管制	对非居民购买国债的利息和资本利得收益征收 15% 的预扣税
阿根廷	2001	限制资本流出	宏观审慎	限制银行账户外币的提取和外汇的转移
冰岛	2008		宏观审慎	停止资本交易目的下本币的兑换
马来西亚	1998		资本管制	对非居民兑换出售泰国证券获得的收益强制规定 12 个月的等待期
乌克兰	2008		资本管制	对非居民投资获得的本币兑换成外币需要 5 天的等待期
泰国	1997		宏观审慎	限制远期（期货）交易和实行出口结汇

资料来源：国际货币基金组织（2011b）。

第一节　韩国对其他投资跨境资本流动的审慎管理

其他投资项下资本流动管理主要表现为外债管理，对外借款导致的资本流入计入国际收支平衡表其他投资项下的银行贷款和贸易信贷子项中。2010年，韩国采取了对其他投资项下贷款流入的管理。韩国政府管理的目标在于限制银行部门借用外债形成的资本流入，采取的政策工具为限制银行外汇衍生品头寸。

一、　远期交易驱动的通过银行部门的跨境资本流入

2008年国际金融危机后发达经济体的量化宽松政策导致国际资本流动性过剩，国际资本大量流入韩国等新兴经济体。大规模跨境资本流入韩国推高了韩元汇率，2009年1月韩元实际汇率指数为85.8，2010年1月上升至100.6，2011年1月达到101.4。

韩国作为出口导向的国家，汇率风险是影响出口商利润的重要因素。为了对冲韩元不断升值的风险，2010年韩国公司卖出了1032亿美元的美元外汇远期（见表7.2）。银行作为其外汇远期交易对手方，在风险对冲的需求下于国际资本市场上大量借入美元资金。机制如图7.1所示，T时刻，银行部门与客户签署卖出美元远期合约，约定T+1时刻客户卖美元给银行。银行部门为了风险对冲（如果未来韩元兑美元继续升值，银行部门将承受汇兑损失），选择在国际市场上借入美元，并兑换成韩元投资于国内金融市场；在T+1时刻，客户履约，将美元卖给银行，银行继而归还国际市场上美元借款。上述操作实现了银行部门汇率风险转移，却在T时刻导致韩国的银行部门短期外债迅速增加，形成银行部门的短期跨境资本流入（Chung等，2012；Bruno和Shin，2014）。

表 7.2　　　　　　　　韩国公司美元外汇远期买入和卖出量　　　　单位：十亿美元

美元外汇远期	2005 年	2006 年	2007 年	2008 年	2009 年	2010 年	2011 年	2012 年	2013 年
卖出	71.7	99.7	126.0	136.6	70.9	103.2	112.5	80.5	98.9
买入	42.5	50.4	54.2	74.6	49.8	70.3	98.2	105.2	103.2
净卖出	29.2	49.3	71.8	62.0	21.1	33.0	14.4	−24.6	−41.0

数据来源：韩国中央银行。

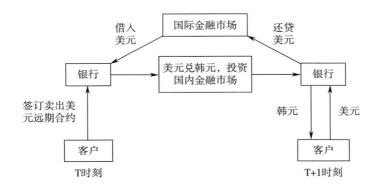

图 7.1　远期交易驱动的通过银行部门的跨境资本流入

一旦银行跨境资本发生逆转，将加剧汇率风险对金融体系的传导，极易转变成宏观经济系统性风险（Brunnermeier 等，2012；Ostry 等，2012）。为了抑制银行部门短期外债的持续增加，增强银行部门的稳健性，韩国监管当局于2010 年 10 月开始对银行外汇衍生品头寸实施限额管理。政策规定，国内银行外汇衍生品头寸占资本金的比例限额为 50%、外国银行韩国分行外汇衍生品头寸占资本金的比例限额为 250%。为了减少对银行现有业务的影响，该项措施只针对银行新增的衍生品头寸。

二、限制银行外汇衍生品头寸的效果分析

政策实施后，银行部门对外借款的成本陡然提升，在成本收益考虑下，境内银行减少境外贷款，尤其是短期贷款。如图 7.2 所示，银行部门对外借款期限结构得到改善，对外短期借款占比明显下降。

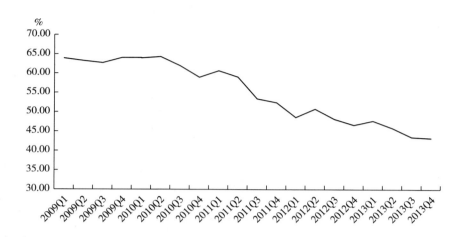

图 7.2　韩国银行部门短期外债占比

［数据来源：韩国经济统计系统（https：//ecos. bok. or. kr/EIndex_en. jsp）］

　　进一步地，韩国的国内银行与外国银行分行在政策下的反应出现结构性分化。图 7.3 显示，国内银行对外短期借款规模并没有出现下降，对外长期借款规模出现明显增长；而外国银行韩国分行对外短期借款规模出现显著下降，长期借款规模也出现明显增加（见图 7.4）。由此可见，前期银行部门投机性短

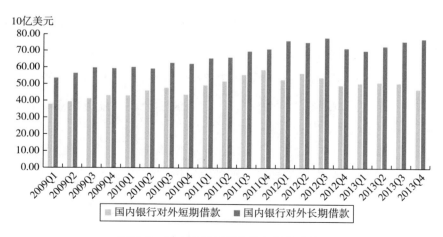

图 7.3　国内银行短期外债与长期外债

（数据来源：韩国经济统计系统）

期对外借款规模的增加主要来源于外国银行韩国分行，对外借款期限结构出现显著改善。韩国对银行部门对外借款的资本流动管理政策精准限制了国际短期资本通过外资银行分行进入国内的规模，具有很好的效果。

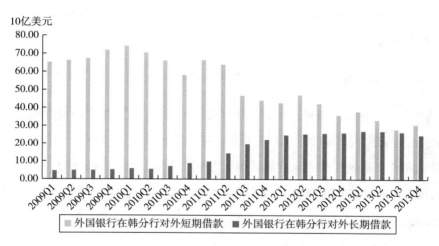

图 7.4　外国银行在韩分行短期外债与长期外债

（数据来源：韩国经济统计系统）

第二节　巴西对证券投资跨境资本流动的审慎管理

2005 年，巴西对外宣布资本项目可兑换，但实践中实行比较严格的管理。一是严格控制外汇在境内流通。除金融机构和特定机构外，居民和非居民均不得在巴西境内开立外汇账户和保留现汇。二是实施强制结售汇制度。除金融机构外，公司和个人的外汇收入必须全额卖给商业银行，但对市场主体购汇对外支付基本没有限制。三是开展逐笔外汇交易登记。市场主体办理资金汇兑，需与外汇指定银行签订标准化合同，资金交割前，必须向巴西央行登记交易合同信息，银行只有获得登记号码后才可办理结售汇业务。

巴西监管当局经常使用金融交易税等价格工具对跨境资本流动进行调控。除了账户管理、交易登记等微观管理手段外，巴西较早地运用类托宾税等宏观审慎措施对跨境资本流动进行调控。1994 年，巴西对外汇交易征收金融交易税，以此来调控跨境资本流入。此后，巴西多次调整金融交易税的征收范围和税率。近年来，巴西逐步将税率相对固定为两档，即基础税率为 0.38%，适用于长期交易；最高税率为 6.38%，适用于短期交易。同时根据调控需要界定长期、短期的时间窗口。

一、 国际金融危机后跨境证券投资大规模流入巴西

2008 年国际金融危机全面爆发后，巴西等新兴经济体受国际金融危机的影响较小，经济增长较快，2009 年国际资本重新大规模流入巴西。巴西股票投资流入和债券投资流入年度累计值（见图 7.5）显示，2009 年巴西证券投资流入规模全年达到 153 亿美元，其中股票投资流入占据绝大多数，达到 135 亿美元。2010 年，巴西证券投资流入规模为 155 亿美元，其中债券投资流入规模较 2009 年增加了近 30 亿美元。

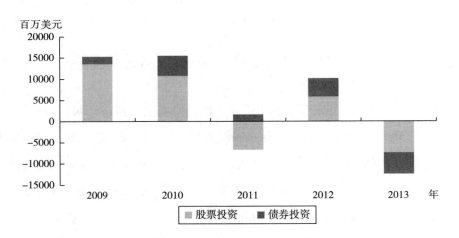

图 7.5 巴西股票投资流入和债券投资流入年度累计

（数据来源：EPFR 数据库）

二、 征收托宾税

大规模资本流入助长了雷亚尔的升值。2009 年初汇率为 2.3177 美元/雷亚

尔，2009 年末汇率为 1.7445 美元/雷亚尔。2010 年雷亚尔继续升值，2010 年末汇率为 1.6613 美元/雷亚尔。2009 年 10 月，巴西监管当局重新对非居民证券投资征税，税率为 2%。2010 年第三季度巴西债券投资流入规模再次达到高位，巴西监管当局将非居民债券投资税率由 2% 上调至 4%，同月再次上调至 6%。

2011 年，巴西证券投资大规模流出。2012 年全球股票投资再次流入巴西。2013 年全球股票投资和债券投资均流出巴西，全年巴西证券投资流出规模为 124 亿美元，其中股票投资流出规模为 74 亿美元，债券投资流出规模为 50 亿美元。2011 年 12 月 1 日巴西监管当局取消了之前对非居民股票投资流入征税的政策。2013 年巴西债券投资一改之前流入的趋势转变成流出，巴西监管当局取消了对跨境债券投资征税。

证券投资流入只是巴西资本流入的一种方式，对证券投资征税也只是巴西监管当局管理资本流入一揽子措施中的一部分。图 7.6 显示，随着 2009 年 10 月对股票投资流入征税，股票投资流入规模有所下降，但 2010 年 10 月股票投资流入规模再次大规模增加。2009 年 10 月对债券投资征税后债券投资规模没有减少。直观来看，对非居民证券投资征税没有降低流入规模。下文将用合成

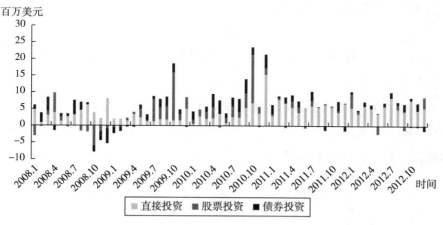

图 7.6　巴西国际收支平衡表金融账户资本流动

（数据来源：巴西中央银行网站）

控制法进行实证检验。

三、 合成控制法简介

Abadie 等（2003，2010）在文献中使用合成控制法来评估外生政策事件对被试的影响。在政策实施前，根据一系列变量对控制组进行加权，通过赋予控制组相应的权重来合成被试，通过比较被试与"合成被试"在政策实施后的表现来评估政策短期效果。该方法的优点在于事先不需要对模型作任何假定，完全根据变量的统计特征合成被试。

合成控制法（Synthetic Control）的详细表述如下：

Y_{it}^I 是实施政策的国家 i 关心的变量，Y_{it}^N 是如果该国家没有实施政策变量的走势。T_0 为采取政策的时间点。ADH 方法假设在政策实施节点 T_0 之前，政策对被试国家和控制组国家没有影响，即如果 $t < T_0$，$Y_{it}^I = Y_{it}^N$。这个假设在本文的研究中即为资本流动管理政策没有被事先预期到。

$Y_{it} = Y_{it}^N + a_{it} \cdot D_{it}$（$D_{it} = 1$ for $t > T_0$ 并且 $i = 1$；否则 $D_{it} = 0$）。研究的目的在于估计 a_{it}，但我们只能观测到 Y_{it}^I，观测不到 Y_{1t}^N，需要估计 Y_{1t}^N 的值。

假设 Y_{it}^N 满足如下因子模型：

$$Y_{it}^N = \delta_t + \theta_t \mathbb{Z}_i + \lambda_t \mu_i + \xi_{it} \tag{7.1}$$

其中，$\mathbb{Z}_i$ 为 r·1 阶向量不受政策影响的变量组成的向量。μ_i 为 1·F 阶观察不到的变量组成的向量。

考虑一个 J·1 阶的权重向量 $W = (\omega_2, \cdots, \omega_{J+1})'$，其中对 $j = 2$，$\cdots$，$J + 1$，$\omega_j \geq 0$，且满足 $\omega_2 + \cdots + \omega_{J+1} = 1$，因此赋予控制组样本国家相应权重从而根据因子模型合成被试国家：

$$\sum_{j=2}^{J+1} \omega_j Y_{jt} = \delta_t + \theta_t \sum_{j=2}^{J+1} \omega_j \mathbb{Z}_j + \lambda_t \sum_{j=2}^{J+1} \omega_j \mu_j + \sum_{j=2}^{J+1} \omega_j \xi_{jt} \tag{7.2}$$

假设存在 $(\omega_2^*, \cdots, \omega_{J+1}^*)$，从而

$$\sum_{j=2}^{J+1} \omega_j^* Y_{j1} = Y_{11}, \quad \sum_{j=2}^{J+1} \omega_j^* Y_{j2} = Y_{12}, \cdots, \sum_{j=2}^{J+1} \omega_j^* Y_{jT_0} = Y_{1T_0} \text{ 且 } \sum_{j=2}^{J+1} \omega_j^* \mathbb{Z}_j = \mathbb{Z}_1$$

$$\tag{7.3}$$

因此，我们关心的政策效果变量估计方程为

$$\widehat{\alpha_{1t}} = Y_{1t} - \sum_{j=2}^{J+1} \omega_j^* Y_{jt} \qquad (7.4)$$

四、 模型设计与结果

本节研究中，被试国家为巴西，控制组样本国家包括澳大利亚、智利、中国、哥伦比亚、匈牙利、印度尼西亚、印度、韩国、墨西哥、马来西亚、秘鲁、俄罗斯和泰国。股票周收益率、汇率周收益率和利率变量作为因子用来将样本国家合成巴西。样本期间为 2009 年 1 月至 2013 年 12 月。

股票投资流入、债券投资流入和总流入数据来自 EPFR 数据库，股指、汇率和利率数据来自 Bloomberg。股指周度收益率根据本周五股指与上周五股指的变动计算得出，汇率周度变动根据本周五本币与美元汇率较上周五本币与美元汇率的变动计算得出，数值为正代表本币贬值。

描述性统计（见表 7.3）显示，样本国家股票投资流入周度均值为 3214 万美元，中位数为 920 万美元；债券投资周度流入均值为 1537 亿美元，中位数为 1432 万美元，证券投资流入周度均值为 4751 亿美元，中位数为 2823 亿美元。股指周收益率均值为 0.34%，中位数为 0.38%；汇率周变动均值为 0.01%，中位数为 -0.03%；利率均值为 5.5%，中位数为 5.14%。

表 7.3　　　　　　　　　　　变量描述性统计

项目	观测	最小值	均值	中位数	标准差	最大值
股票投资流入（周，百万美元）	3640	-1494	32.14	9.20	221.3	2067
债券投资流入（周，百万美元）	3640	-790.0	15.37	14.32	63.55	366.6
证券投资流入（周，百万美元）	3640	-1506	47.51	28.23	246.8	2193
股指周收益率（%）	3516	-19.83	0.34	0.38	3.90	23.24
汇率周变动（%）	3516	-7.75	0.01	-0.03	1.47	9.41
利率（%）	3516	0.30	5.50	5.14	2.430	14.03

EPFR 证券投资流动年度累计值（见表 7.4）显示，2009 年至 2010 年，无论是股票还是债券，样本国家均呈现资本流入，且 2010 年规模较 2009 年大幅

度增加，尤其是债券投资流入规模是 2009 年的 3 倍左右。2011 年，股票投资出现逆转，呈现流出，但债券投资保持流入，规模较 2010 年下降 2/3，全球资本流出样本国家。2012 年股票投资重新呈现流入，债券投资流入规模恢复至 2010 年水平。2013 年，无论是股票投资还是债券投资均呈现流出。

表 7.4   EPFR 证券投资流动年度累计值   单位：百万美元

项目	2009 年		2010 年		2011 年		2012 年		2013 年	
	均值	中位数	均值	中位数	均值	中位数	均值	中位数	均值	中位数
股票投资流入	3793	1627	4376	1870	−2108	−926	2822	1617	−526	−18
债券投资流入	559	374	1832	1467	700	506	1971	1369	−1064	−398
总投资流入	4351	2584	6207	4520	−1408	−207	4793	2886	−1590	−409

数据来源：EPFR 数据库。

样本国家证券投资流动年度累计值（见表 7.5）显示，2009 年，样本国家中巴西证券投资流入规模最大，全年达到 153 亿美元，其中股票投资流入占绝大多数，达到 135 亿美元，其次为中国和印度。中国 2009 年全年证券投资流入规模为 146 亿美元，其中股票投资流入 146 亿美元。印度 2009 年全年证券投资流入为 63 亿美元。2010 年中国证券投资流入规模在样本国家中居首，达到 163 亿美元，较 2009 年规模继续增加。巴西 2010 年证券投资流入规模为 155 亿美元，排名第二，但巴西债券投资流入规模较 2009 年增加了近 30 亿美元。2011 年样本国家股票投资呈现净流出（数值为负数），中国、印度和巴西呈现证券投资流出。2011 年中国证券投资流出 70 亿美元，印度和巴西证券投资合计流出 51 亿美元。2011 年全球资本大规模流出中国、巴西和韩国等主要新兴经济体。2012 年全球股票投资再次呈现流入状态，全球资本继续流入中国、巴西和韩国等主要新兴经济体，其中中国证券投资流入规模为 150 亿美元、巴西为 101 亿美元、韩国为 85 亿美元。2013 年全球资本再次流出主要新兴经济体，巴西证券投资流出规模为 124 亿美元，中国证券投资流出规模为 19 亿美元。

由此可见，全球资本流动具有极大的波动性，大规模资本快速流入和流出不利于金融稳定和经济发展，监管当局有必要对其进行有效监管。

表 7.5　　　　　　EPFR 样本国家证券投资流动年度累计值明细　　　单位：百万美元

2009 年	总流入	股票投资流入	债券投资流入	2011 年	总流入	股票投资流入	债券投资流入
巴西	15269. 13	13504. 57	1764. 56	印度尼西亚	451. 63	−673. 4	1125. 03
中国	14606. 35	14594. 01	12. 34	澳大利亚	313. 67	−1101. 72	1415. 39
印度	6329. 97	6261. 08	68. 89	哥伦比亚	199. 16	−14. 05	213. 21
俄罗斯	6098. 05	5029	1069. 05	秘鲁	131. 13	−91. 96	223. 09
韩国	5778. 57	5149. 4	629. 17	匈牙利	126. 56	−136. 19	262. 75
墨西哥	3306. 5	2164. 21	1142. 29	墨西哥	15. 93	−1332. 22	1348. 15
澳大利亚	3192. 98	2460. 64	732. 34	马来西亚	−22. 11	−544. 42	522. 31
印度尼西亚	1974. 86	1090. 56	884. 3	智利	−391. 47	−506. 97	115. 5
泰国	1121. 86	1015. 9	105. 96	泰国	−498. 3	−749. 44	251. 14
马来西亚	1079. 45	709. 29	370. 16	韩国	−977. 69	−2166. 55	1188. 86
秘鲁	755. 76	385. 35	370. 41	俄罗斯	−1745. 21	−2505. 56	760. 35
智利	574. 68	448. 29	126. 39	巴西	−5133. 19	−6737. 86	1604. 67
哥伦比亚	452. 51	75. 5	377. 01	印度	−5140. 17	−5412. 99	272. 82
匈牙利	379. 67	212. 18	167. 49	中国	−7043. 16	−7532. 18	489. 02
2010 年	总流入	股票投资流入	债券投资流入	2012 年	总流入	股票投资流入	债券投资流入
中国	16272. 31	15857. 46	414. 85	中国	14946. 82	13876. 98	1069. 84
巴西	15485. 77	10760. 86	4724. 91	巴西	10137. 37	5839. 9	4297. 47
韩国	10414. 1	8101. 42	2312. 68	韩国	8460. 13	7291. 87	1168. 26
俄罗斯	10267. 37	7383. 35	2884. 02	墨西哥	7111. 89	2193. 49	4918. 4
印度	8008. 82	7465. 24	543. 58	俄罗斯	6043. 8	2493. 45	3550. 35
印度尼西亚	6164. 12	2831. 55	3332. 57	印度尼西亚	4179. 8	1356. 66	2823. 14
墨西哥	5181. 06	1592. 75	3588. 31	印度	2950. 6	2555	395. 6
澳大利亚	3858. 19	1797. 75	2060. 44	马来西亚	2821. 86	1017. 28	1804. 58
马来西亚	3120. 86	1351. 07	1769. 79	泰国	2522. 2	1877. 41	644. 79
泰国	2446. 16	1942. 38	503. 78	哥伦比亚	1945. 08	529. 62	1415. 46
秘鲁	1807	720. 89	1086. 11	澳大利亚	1880. 09	−310. 51	2190. 6
哥伦比亚	1425. 48	261. 67	1163. 81	秘鲁	1585. 81	264. 06	1321. 75
匈牙利	1260. 11	338. 26	921. 85	匈牙利	1317. 27	89. 67	1227. 6
智利	1188. 75	853. 28	335. 47	智利	1193. 34	430. 64	762. 7

续表

2013 年	总流入	股票投资流入	债券投资流入	2013 年	总流入	股票投资流入	债券投资流入
韩国	5193.68	5748.32	−554.64	智利	−474.92	−188.2	−286.72
哥伦比亚	951.66	601.54	350.12	秘鲁	−536.59	−117.6	−418.99
泰国	179.43	552.73	−373.3	中国	−1438.96	−2651.4	1212.44
印度尼西亚	63.22	709.41	−646.19	印度	−1927.3	−1550.83	−376.47
墨西哥	33.89	636.83	−602.94	俄罗斯	−5078.55	−4048.02	−1030.53
马来西亚	−331.15	−6.46	−324.69	澳大利亚	−6155.65	380.42	−6536.07
匈牙利	−342.36	−29.99	−312.37	巴西	−12396.9	−7405.06	−4991.87

数据来源：EPFR 数据库。

下文采用合成控制法对巴西针对证券投资采取的管理措施短期效果进行检验。

（一）2009 年 10 月对股票投资和债券投资征收 2% 的税

政策实施前区间从政策倒推 6 个月，即从 2009 年 4 月开始，同时观察政策实施后 6 个月证券投资流动的变化。图 7.7 显示，巴西在政策实施后资本流入规模没有出现明显下降。表 7.6 为控制组样本国家权重，表 7.7 为巴西和"合成巴西"变量匹配结果。

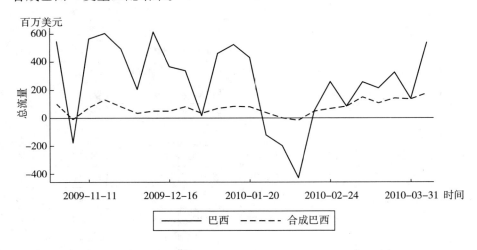

图 7.7　2009 年 10 月对股票投资和债券投资征收 2% 的税

表7.6 证券投资流入样本国家权重

澳大利亚	智利	中国	哥伦比亚	匈牙利	印度尼西亚	印度
0.027	0.006	0.014	0.032	0.095	0.628	0.04
韩国	墨西哥	马来西亚	秘鲁	俄罗斯	泰国	
0.024	0.01	0.019	0.03	0.056	0.019	

表7.7 证券投资流入变量匹配结果

分类	股票周收益率（%）	汇率周收益率（%）	利率（%）
巴西	2.18	−0.92	9.11
合成巴西	2.18	−0.45	9.11
误差均方根	371.23		

（二）2010年10月4日、18日对债券流入征收4%、6%的税

2010年10月4日对债券流入征收4%的税，10月18日将该税率上调至6%。图7.8显示，政策实施后，巴西债券投资流入规模并没有出现明显下降。表7.8为控制组样本国家权重，表7.9为巴西和"合成巴西"变量匹配结果。

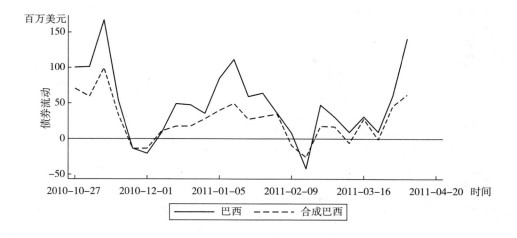

图7.8 2010年10月4日、18日对债券流入征收4%、6%的税

表7.8　　　　　　　　　债券投资流入样本国家权重

澳大利亚	智利	中国	哥伦比亚	匈牙利	印度尼西亚	印度
0	0	0	0	0	1	0
韩国	墨西哥	马来西亚	秘鲁	俄罗斯	泰国	
0	0	0	0	0	0	

表7.9　　　　　　　　　债券投资流入变量匹配结果

分类	股票周收益率（%）	汇率周收益率（%）	利率（%）
巴西	0.17	−0.18	12.02
合成巴西	0.89	−0.05	8.35
误差均方根	37.76		

（三）2011年12月1日取消对股票投资流入征税

由于巴西股票投资流入在2011年出现逆转，2011年12月1日，巴西监管当局取消了之前对非居民股票投资流入征税的政策。图7.9显示，取消征税政策后，巴西股票投资流出规模下降，并逐步转变成资本流入，这一趋势持续到2012年3月底，之后股票投资继续呈现流出。表7.10为控制组样本国家权重，表7.11为巴西和"合成巴西"变量匹配结果。

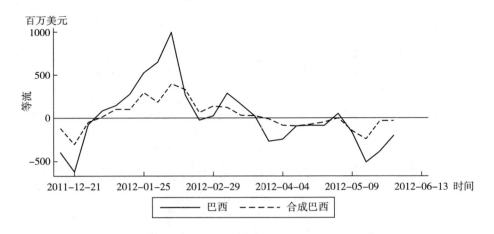

图7.9　2011年12月1日取消对股票投资流入征税

表 7. 10　　　　　　　　　**股票投资流入样本国家权重**

澳大利亚	智利	中国	哥伦比亚	匈牙利	印度尼西亚	印度
0	0	0	0	0	0	1
韩国	墨西哥	马来西亚	秘鲁	俄罗斯	泰国	
0	0	0	0	0	0	

表 7. 11　　　　　　　　　**股票投资流入变量匹配结果**

分类	股票周收益率（%）	汇率周收益率（%）	利率（%）
巴西	− 0. 80	0. 48	11. 87
合成巴西	− 1. 08	0. 52	8. 42
误差均方根		258. 66	

（四）2013 年 6 月 4 日取消对债券投资流入征税

2013 年巴西债券投资一改之前流入的趋势转变成流出，巴西监管当局取消了对债券投资征税。图 7. 10 显示，政策取消后，巴西债券投资流出规模缩小，但没有转变流出趋势。表 7. 12 为控制组样本国家权重，表 7. 13 为巴西和"合成巴西"变量匹配结果。

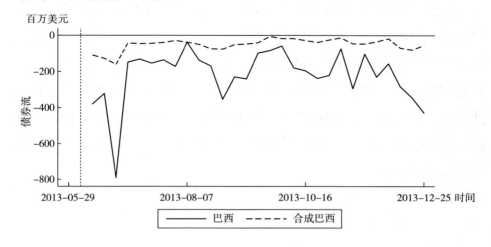

图 7. 10　2013 年 6 月 4 日取消对债券投资流入征税

表7.12　　　　　　　　　　债券投资流入样本国家权重

澳大利亚	智利	中国	哥伦比亚	匈牙利	印度尼西亚	印度
0.171	0	0	0	0	0	0.509
韩国	墨西哥	马来西亚	秘鲁	俄罗斯	泰国	
0	0	0	0.319	0	0	

表7.13　　　　　　　　　　债券投资流入变量匹配结果

分类	股票周收益率（%）	汇率周收益率（%）	利率（%）
巴西	−0.13	0.04	8.22
合成巴西	−0.13	0.04	5.88
误差均方根		77.97	

第三节　小结

对韩国的案例研究发现，韩国采取的限制银行部门外汇衍生品头寸的数量管理措施成功抑制了韩国银行部门外债规模，尤其是外国银行韩国分行的短期外债，这与 Lim 等（2011）以及 Huh 和 An（2012）的结论一致。

对巴西针对非居民证券资本流入征税以及随后取消征税的短期政策效果进行检验。研究显示，巴西在 2009 年至 2010 年对证券投资流入征税的措施没有抑制巴西证券投资流入规模。随着欧洲债务危机影响和巴西经济增长放缓，资本流入规模急剧下降并出现逆转，巴西雷亚尔汇率贬值，从 2011 年底开始，巴西监管当局逐步放松之前对资本流入的监管措施。然而放松监管并没有改变资本流入规模的下降甚至逆转。总体而言，巴西监管当局对证券投资征税的措施没有达到预期的效果。

第八章
总结与政策建议

　　本书主要研究了两个方面的问题：首先是新兴经济体短期跨境资本流动的影响因素，既有面板数据分析，也有专门针对中国的时间序列分析。对新兴经济体金融账户下其他投资和证券投资流入和流出影响因素的研究发现，全球避险情绪和全球经济政策不确定性对新兴经济体短期跨境资本流入有显著负影响，经济增长率差异和本币汇率变动对新兴经济体短期跨境资本流动有显著正影响。此外，通过引入联邦基金影子利率与经济增长率差异的交互项，研究美联储货币政策对新兴经济体短期跨境资本流动的影响。结果显示，美联储货币政策强化了新兴经济体短期跨境资本流动的顺周期性。

　　进一步地，在全球金融冲击背景下探讨汇率制度是否对新兴经济体跨境资本流动起到调节作用。研究发现，全球金融冲击对新兴经济体短期跨境资本流入有显著负影响，但不同的汇率制度间呈现出系统性差异，相比于浮动汇率制度，固定汇率制度和中间汇率制度强化了全球金融冲击对新兴经济体跨境资本流入的负向影响。面对全球金融冲击，新兴经济体可以采取市场化的汇率制度以应对跨境资本流动的波动。

　　接着本书分别从国际收支平衡表和银行代客结售汇两个口径对中国金融账户下跨境资本流动影响因素进行深入分析。结果显示，中国国际收支平衡表短期跨境资本流入受全球因素、国内外经济增长率差异和汇率变动的影响，而这些因素对短期跨境资本流出的解释力度较弱。金融账户各个分项研究显示，直接投资结汇与售汇主要受国内拉力因素影响，而证券投资结售汇和其他投资结售汇受到全球推力因素和国内拉力因素的双重影响。考虑惯性因素上述结论依然成立。

明确中国跨境资本流动的影响因素可以使监管当局对跨境资本流动进行更为有效的管理。基于此，本书运用银行代客结售汇数据实证评估了 2015 年中国人民银行针对远期售汇征收风险准备金的宏观审慎管理政策效果。研究显示，中国的跨境资本流出宏观审慎管理措施在短期内对抑制远期售汇有一定效果，2018 年 9 月该政策被重新启用。

最后，以韩国和巴西的跨境资本流动管理为例，探讨其他投资项下对外借款管理和证券投资管理的国际经验。研究显示，韩国采取的工具是限制银行外汇衍生品头寸，政策工具有效抑制了跨境资本通过银行部门的流入，政策效果较好。巴西在 2009 年至 2010 年采取的政策工具是对证券投资流入征税，但该项措施并未有效抑制巴西证券投资流入规模。韩国和巴西的案例研究显示，对流动性较高的证券投资形式的跨境资本流动监管较为困难，对于银行渠道债务形式的跨境资本流动监管相对容易。

长期来看，中国贸易投资便利化、汇率市场化、金融全球化的趋势将逐步深化。随着中国经济开放度不断提高，人民币资本项目可兑换有序推进，人民币国际化稳步发展，未来将取消绝大部分跨境资本流动的汇兑限制，与国际惯例接轨，更多地发挥汇率在外汇资源配置中的决定性作用，完善宏观审慎跨境资本流动管理，逆周期调节跨境资本流动。

未来跨境资本流动管理将依靠多层次政策工具体系。一是发挥汇率的决定性作用，利用汇率在外汇供求中的"自动调节器"功能，促进国际收支基本平衡。二是利用宏观审慎工具的逆周期调节作用，在汇率水平失衡、外汇储备快速下降等情况下，综合运用类托宾税等政策工具，对跨境资本流动进行逆周期调节。三是保留临时性保障措施，在国际收支危机等特殊情况下，可启动国际收支保障条款，依法实施临时性资本管制。

中国的跨境资本流动宏观审慎管理研究与资本项目开放进程是分不开的。随着中国资本项目开放不断进入深水区，中国的跨境资本流动将在规模和结构上均面临重要转变。此外，国际经济和金融形势也将对中国的跨境资本流动带来不确定性，中国的跨境资本流动审慎管理任重而道远。

此外，随着中国资本项目的放开，跨境资本可以自由流动之后对跨境资本流动的管理将显得尤为重要。历史上发生过跨境资本大规模流入和流出影响本地金融稳定，甚至爆发金融危机的案例，比如 1997 年的中国香港。资本流动非常自由的美国也存在一定程度的跨境资本流动管理，比如要求非居民在美国出售或发行股票、债券或货币市场工具及衍生产品必须在证券交易委员会进行登记；非居民发行或出售集合投资证券必须获得证券交易委员会批准。俄罗斯在宣布资本项目可兑换后，逐步取消汇兑限制，但对资本项目交易仍然保留一系列管理，比如对外商直接投资的行业限制和持股比例要求。

建立宏观审慎的跨境资本流动管理体系，核心是防范跨境资本流动的顺周期行为和系统性风险。基于此，提出如下政策建议：

一、 建立健全本外币一体化的跨境资本流动监测预警体系

跨境资本流动本外币一体化监测与预警。跨境资本流动监测是对资本流动进行调节的基础。加强和改善对跨境资本流动期限结构、流经渠道、流经机构和流入领域的监测可以全面掌握跨境资本链条上每一个环节资金的期限、规模等情况，有助于提高跨境资本流动的监管效果。在中国资本账户逐步开放、人民币跨境流动增加、汇率波动频繁的背景下，构建本外币一体化的跨境资本流动监测预警指数对于预防突发性、恐慌性的资本外流以及汇率调控都具有重要意义。

具体做法在于：一是加强对跨境资本流动期限结构的监测。不同期限的资本对经济的影响存在差异。短期资本由于流动性强、流动方向易变，具有较强的投机性，也更容易对经济稳定造成冲击，长期资本因停留时间较长，对经济

的影响也通常在一个较长的时期内才能逐渐显现。二是加强对跨境资本流经渠道的监测。跨境资本流动情况通常会在国际收支平衡表的各个账户中得到反映，不同渠道的跨境资本流动表现不同，对经济的影响也不一样。一般地，经常账户和直接投资项下的跨境资本流动与实体经济关系较为密切，而其他投资和证券投资项下的跨境资本流动更多地以追逐收益为目标。三是加强对跨境资本流经机构的监测。金融机构是跨境资本流动的中介，不同期限、不同目标的跨境资本会流经不同的金融机构。系统重要性金融机构由于跨境业务量相对较大，与国内外金融市场和金融机构具有广泛的业务往来，相应地，经由系统重要性金融机构的跨境资本规模也较大。四是加强对跨境资本流入领域的监测。跨境资本流入不同领域会对经济产生不同影响。例如，大量跨境资本流入房地产和股票市场会推高资产价格，从而导致房地产泡沫，各个国家包括发达国家均对跨境资本流入本国房地产市场进行严格管理。

当前中国资本流动管理主要对外币跨境流动和交易进行监测，对跨境人民币重视不够。张明和何帆（2012）研究显示，跨境人民币流动和交易与香港离岸和内地在岸市场间的套汇和套利活动密切相关。人民币跨境资金投机使用会放大对汇率的冲击，即在人民币处于升值通道时市场增加对跨境人民币的需求，从而推动对人民币进一步的升值预期；而在人民币处于贬值通道时市场增加对跨境人民币的供给，从而推动人民币进一步贬值。鉴于此，需要重视跨境人民币资本流动的监测。

跨国企业跨境资本流动监测突破居民属性。在实际操作中目前多以居民为统计口径监测跨境资本流动，但越来越多的企业走出国门，在国际金融上获得外币融资，以居民为统计口径来监测跨境资本流动可能会低估企业的汇率风险。如图8.1所示，企业A是跨国企业的母公司，企业A可以通过境外子公司在国际债券市场发行债券获得资金。关联企业在境外获得资金进入境内计入国际收支表的直接投资项。如果企业A是出口商，那么它出口获得的现金流将作为"自然套保"来偿还外币债务，但如果企业A是公共设施部门或房地产等不可贸易部门，企业 A 在没有进行套期保值的情况就暴露了相当的汇率风险头寸。

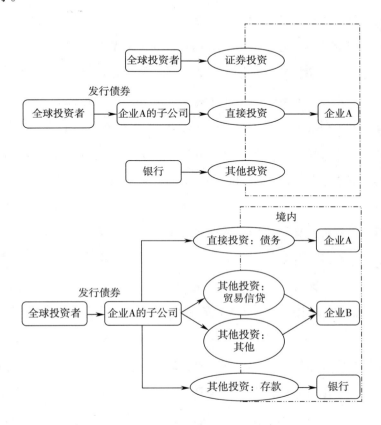

图 8.1 企业层面的跨境资本流动

国际收支统计是国民经济四大统计体系之一，是完善跨境资本流动监管的基础设施。未来，将以当前统计框架为基础，建成既符合国际标准又满足中国监管当局审慎管理需要的跨境资本流动数据产品体系。一是形成更加完备的国际收支统计系列产品，按照 SDDS 增强版和 G20 弥补第二阶段数据缺口动议的要求，提供更详细、更高频的国际收支平衡表和国际投资头寸表。二是建立全流程、全覆盖的跨境资本流动数据网络及其系列产品。通过银行结售汇、人民币外汇衍生品、跨境资本流动总量、交易国别、交易主体和交易行业的全覆盖。

二、 丰富跨境资本流动宏观审慎管理工具箱

一是完善跨境资本流动逆周期调控政策工具。对全口径跨境融资实施宏观审慎管理，研究运用风险准备金、类托宾税等价格型宏观审慎工具，建立基于宏观调控需要的跨境资本逆周期调节长效机制。二是构建外汇领域的风险缓冲工具。针对外汇资产和外汇负债错配，研究运用外汇贷款资本金要求、外汇贷款集中度限制等外汇借贷管理工具，重点防范风险积聚。针对外汇流动性风险，研究设定外汇资产与负债流动性要求，主要提高系统重要性银行和企业的外债流动性要求，从而降低系统性偿付风险。针对货币错配等风险，引入外汇敞口头寸等外汇头寸管理工具，降低系统重要性机构风险敞口和杠杆率。

当然，新兴经济体可以同时采取多项措施应对跨境资本流动。比如央行提高政策利率应对经济过热；对外汇市场进行干预应对汇率升值；收紧宏观审慎政策以控制信贷增长；对资本流入进行管理以维护金融稳定（Ghosh 等，2017）。管理资本流出的政策仍应以宏观审慎政策工具为主，资本管制是最后的防线。

监管当局需要审时度势，根据资本流动情况及时制定和取消资本流动管理措施，避免政策出现较长的滞后，否则会对经济和金融状况产生不利影响。此外，对资本流动的管理不应该替代国内金融的结构性改革，资本流动管理旨在为国内的结构调整争取时间，资本流动管理不应该替代国内宏观经济政策的调整。

三、 重视人民币汇率预期对跨境资本流动的影响

长期以来，中国依赖充足的外汇储备就足以平抑市场的非理性波动，预期管理的重要性并不显著。随着 2015 年以来人民币贬值预期的不断升温，人民币预期管理的重要性得以凸显。贬值预期一旦形成具有较强的自我实现机制，贬值预期产生促使市场主体消极结汇、积极购汇，进而导致结售汇顺差萎缩甚

至转为逆差，结售汇逆差在交易层面上推动人民币贬值，贬值的结果证实了贬值预期，将强化市场上的贬值预期，市场主体结汇意愿进一步弱化，购汇冲动进一步增强，推动结售汇情况进一步恶化。事实证明，上述循环必须从心理上改变市场主体的预期才能将其打破。

附表

跨境资本流动宏观审慎管理工具国际实践

经济体	流入（流出）	CFM 类型	日期	描述	目前状态变化	政策变化
阿根廷	流入	保证金要求	2005 年	对资本流入额的 30% 实行为期一年的强制无息存款	2016 年取消	
阿根廷	流出	审批要求	2011 年 10 月	旅游、旅游套餐以及海淘涉及的外汇交易需要事先批准。此外，某些旅游和旅游服务项下的外汇交易需要事先审批。经常账户项下的服务、收入和其他支付不需要审批	2014 年 1 月收紧，2015 年 12 月取消	从 2014 年 1 月开始，海淘限于每年最多 25 美元的两笔交易。该限制 2015 年 12 月取消

136

续表

经济体	流入（流出）	CFM 类型	日期	描述	目前状态变化	政策变化
阿根廷	流出	强制结汇要求	2011 年 10 月	原油、天然气和液化气生产商必须将 100% 的出口外汇收入强制结汇。此前，石油和液化气公司仅需结汇 30%。矿业出口商则获豁免	2014 年 10 月对石油出口商已取消，2017 年 10 月全部取消	
阿根廷	流出	禁止	2011 年 10 月	禁止当地保险公司在海外进行投资。此前，保险公司 50% 以内的持有资金可进行海外投资	2015 年 11 月取消	
阿根廷	流出	审批要求	2011 年 10 月	购买美元存款需事先获得税务机构的批准	2016 年取消	
阿根廷	流出	强制结汇	2012 年 1 月	外债和国外发行证券所得外汇的汇回和结算期限缩短至 30 天。对外借款必须以该债务人名义在金融机构开立账户	2015 年 12 月取消	
阿根廷	流出	其他	2012 年 4 月	客户需要在国内开立外币账户，才能使用国内的借记卡在国外 ATM 提取外汇	2015 年 12 月取消	

续表

经济体	流入（流出）	CFM类型	日期	描述	目前状态变化	政策变化
阿根廷	流出	其他	2012年4月	向国外支付收益、预付款和预融资资金需要在签订的付款之日起15个工作日内完成	2017年10月取消	
阿根廷	流出	审批要求	2012年7月	未经阿根廷中央银行批准，暂停居民进入当地外汇市场购买未指定特定用途的国外资产	2014年1月放松，2015年12月取消	
阿根廷	流入/流出	限制	2014年2月	对银行净外汇头寸（包括现金和债券）和外汇期货净头寸实行限制	2016年放松，2018年5月和6月收紧，2019年9月继续收紧	
阿根廷	流入/流出	限制	2014年9月	限制本地和外国银行账户之间的外汇流入和流出	2016年取消	
阿根廷	流出	强制售汇	2015年12月	对于金融部门、非金融私营部门和地方政府新借的外债，需要先在当地外汇市场上卖出外汇，这是以后进入该市场支付本金，包括全额或部分预付款的先决条件	2017年1月取消	

续表

经济体	流入（流出）	CFM 类型	日期	描述	目前状态变化	政策变化
阿根廷	流入	限制	2019 年 1 月	银行持有央行票据的上限定为存款总额的 65% 或资本的 100%（以较高者为准）	没有变化	
澳大利亚	流入	印花税	2015 年 8 月	如果非居民在维多利亚州购置住宅物业，买方除了支付海外人士附加税外，还须支付附加税。对于在 2015 年 7 月 1 日至 2016 年 7 月 1 日间签订的合同和协议安排，该附加税税率为 3%	2016 年 7 月 1 日后税率升至 7%，2019 年 7 月 1 日税率升至 8%	
澳大利亚	流入	税	2015 年 8 月	自 2016 年 1 月 1 日起，维多利亚州对空置房屋业主征收 0.5% 的土地税和 0.5% 的附加费	2017 年 1 月收紧	2017 年 1 月 1 日起税率升至 1.5%
澳大利亚	流入	税	2016 年 6 月	新南威尔士州对在特定条件下空置房屋的非居民业主征收 0.75% 的土地及附加费，自 2017 年生效		

139

续表

经济体	流入（流出）	CFM 类型	日期	描述	目前状态变化	政策变化
澳大利亚	流入	印花税	2016 年 6 月	新南威尔士州对非居民购买房地产征收 4% 的附加购置税	2017 年 7 月收紧	2017 年 7 月税率从 4% 提高至 8%
澳大利亚	流入	印花税	2016 年 6 月	昆士兰州增加了 3% 的外国收购者税	没有变化	
澳大利亚	流入	限制	2017 年 5 月	禁止房地产开发商向外国人出售超过 50% 的新住宅开发项目	没有变化	
澳大利亚	流入	收费	2017 年 5 月	自 2017 年 5 月 9 日起，对未充分利用住宅物业的非居民业主收取年费。如果住宅物业每年至少 6 个月未被占用或真正可供使用，该住宅物业的非居民业主必须缴纳年费，其数额相当于非居民购买该物业时征收的外国投资申请费	没有变化	

续表

经济体	流入（流出）	CFM 类型	日期	描述	目前状态变化	政策变化
澳大利亚	流入	税	2017 年 5 月	2017 年 5 月 9 日起，禁止非居民国和临时税居民享受外国资本利得税（CGT）主要居住地豁免；自 2017 年 7 月 1 日起，将外国纳税居民的 CGT 预扣率从 10% 提高至 12.5%；将非居民的 CGT 预扣门槛从 200 万澳大利亚元降低至 75 万澳大利亚元	没有变化	
澳大利亚	流入	印花税	2017 年 6 月	南澳大利亚州延长了购买计划外公寓的印花税税优惠。在 2018 年 6 月 30 日之前购买计划外公寓可以获得 15500 美元的印花税优惠。但是，2017 年 6 月 22 日起，非居民买家不再享有计划外优惠	没有变化	
澳大利亚	流入	印花税	2018 年 1 月	南澳大利亚州对非居民买家和临时居民购买住宅物业征收 7% 的转让税及附加费	没有变化	

续表

经济体	流入（流出）	CFM 类型	日期	描述	目前状态变化	政策变化
澳大利亚	流入	印花税	2018 年 7 月	塔斯马尼亚州对非居民购买住宅物业征收 3% 的外国购买者印花附加费，非居民购买初级生产用地的所有应税价值将增加 0.5%	没有变化	
澳大利亚	流入	印花税	2019 年 1 月	西澳大利亚州在 2017/18 财年预算中宣布，于 2019 年 1 月 1 日起对非居民个人、公司和信托购置的住宅物业征收 4% 的外国购买者关税及附加费	没有变化	
巴巴多斯	流出	收费	2017 年 7 月	所有需要外币汇款或结算的交易（包括经常账户和资本账户交易）均收取 2% 的外汇费。某些交易，如付息款项、居民和非居民持有的外币账户等免收这笔费用	2018/19 财年预算中税率提高至 7%	

续表

经济体	流入（流出）	CFM类型	日期	描述	目前状态变化	政策变化
白俄罗斯	流出	强制结汇要求	1993年1月	对货物和服务出口收益强制结汇	2014年12月收紧，2015年2月和4月，2016年9月，2017年10月放松，2018年8月取消	2014年12月，强制结汇比率从30%增至50%；2015年2月降至40%；2015年4月达到30%；至2016年9月的20%；2017年10月达到10%；并在2018年8月取消
玻利维亚	流出	限制	1998年	对保险公司的海外投资实行限额	2013年3月放松，2015年1月收紧	2013年3月，最高限额从10%提高到30%。2015年1月，最高限额从30%降至10%
巴西	流入	税	2008年1月	对外债资金流入征税	2012年12月，2014年6月放松	2012年12月5日前，对期限少于720天的外债征收6%的税，2012年12月5日期限降至360天，2014年6月4日期限降至180天。如果外债在180天内偿还，初始期限超过180天的外债仍须遵守6%的税率
巴西	流入/流出	税	2009年10月	对不同类型的资本流动，例如固定收益证券、股票、衍生品和外商直接投资等征收不同的税率	2013年6月，2014年10月，2016年5月放松	截至2013年6月，流入巴西资金在180天以上，税率降至零。自2014年10月8日起，外商直接投资等流入税率降至零。自2016年5月2日，对公开交易股票流入的证券投资税率为零
加拿大	流入	税	2016年8月	不列颠哥伦比亚省对非居民或应税人转让位于大温哥华地区的住宅物业额外收取15%的财产转让税	2018年1月收紧	税率提高至20%，2018年1月地域覆盖面扩大

续表

经济体	流入（流出）	CFM 类型	日期	描述	目前状态变化	政策变化
加拿大	流入	税	2017 年 4 月	安大略对非居民购买位于 the Greater Golden Horseshoe 的住宅物业征收 15% 的非居民投机税	没有变化	
加拿大	流入	税	2019 年 1 月	不列颠哥伦比亚省对住宅物业征收机和空置税。2018 年，住宅物业每位业主的税率为 0.5%。2019 年以后，外国业主和卫星家庭①征收应税房产评估价值 2% 的税，不列颠哥伦比亚省居民和其他加拿大公民征收非卫星家庭的永久居民征收 0.5% 的税	没有变化	

① 卫星家庭指个人或其配偶全球的主要收入来自加拿大应税范围之外，且没有向加拿大申报。

144

续表

经济体	流入（流出）	CFM 类型	日期	描述	目前状态变化	政策变化
中国	流出	限制	2002—2014 年	2012 年在上海启动合格国内有限合伙计划（QDLP），允许获得试点资格的海外投资基金管理企业，在中国境内面向合格境内有限合伙制的募集资金，设立有限合伙基金，进行境外投资；2006 年推出合格境内机构投资者（QDII）计划；2014 年推出合格境内机构投资者计划（RQDII）；2002 年推出合格境外机构投资者计划（QFII）；2011 年成立人民币合格境外机构投资者计划（RQFII）	2017—2018 年计划额度不断增加	2018 年 4 月，QDLP 配额进一步增至 50 亿美元。自 2015 年以来，上海和深圳的 QDIE 项目扩容，配额从 13 亿美元增至 50 亿美元。QDII 计划于 2018 年也首次扩大。RQDII 计划已恢复，但 2018 年 5 月报告和 RQFII 计划要求收紧。2018 年 6 月对 QFII 和 RQFII 计划进行了修改，以放宽对境外机构投资者资金来自中国的限制。2019 年 1 月，QFII 额度翻了一番，达到 3000 亿美元。2019 年 9 月取消了对 QFII 和 RQFII 额度的限制
中国	流出	限制	2009 年 8 月	企业对外贷款的上限为股本乘以宏观审慎因子（30%），并且需要和借款人之间存在股权关系	2016 年加强资本流动管理	加强执法，要求银行必须严格审查借款人的业务经营规模是否与对外贷款规模相匹配，以及境外贷款使用的真实性和合理性

续表

经济体	流入（流出）	CFM 类型	日期	描述	目前状态变化	政策变化
中国	流出	限制	2010 年 11 月	海外人民币取款限额为每天每张卡 10000 元	2016 年 1 月和 2017 年 12 月收紧	从 2016 年 1 月开始，增加每年 10 万元的限额。2017 年 12 月，此限额从每张卡改为每个人
中国	流出	限制	2011 年 10 月	对金融机构的境外人民币贷款实行上期人民币存款余额 1% 的限制	2013 年 7 月放松	2013 年 7 月，限额增加到 3%，还添加了逆周期因子
中国	流出		2014 年 5 月	对于超过 3 亿美元的海外直接投资，投资者必须向国家发改委提交文书面项目简报，然后才能在海外开展实质性工作。如果该项目符合中国海外投资政策，发改委将发出确认函。超过 10 亿美元的对外直接投资须经发改委批准	2017 年初加强资本流动管理，2018 年 3 月大体放宽	2017 年初，加强了与对外直接投资有关的法规执行力度，其中：(1) 中国人民银行敦促商业银行加强对外直接投资汇出资金的审查；(2) 国家外汇管理局要求公司向银行说明投资基金的来源和目的；(3) 取消了直接投资汇入资金的审查。2018 年 3 月，取消了对 10 亿美元以上的对外直接投资的核准要求；对敏感行业的覆盖范围进行了修改；个人通过离岸实体进行间接投资也包括在对外直接投资审查范围中
中国	流出	准备金要求	2015 年 10 月	金融机构购买外汇远期合约和进行其他外汇衍生交易，需缴纳合约面值 20% 的长达一年的无偿准备金	收紧（2016 年），2017 年 9 月降至零，2018 年 8 月收紧	存款准备金率最初只对居民征收，但在 2016 年扩大到非居民。2017 年 9 月降至零，2018 年 8 月提高到 20%

续表

经济体	流入（流出）	CFM 类型	日期	描述	目前状态变化	政策变化
中国	流出	准备金要求	2016 年 1 月	对银行离岸人民币存款实行存款准备金率	2017 年 9 月降至零	
中国	流入/流出	限制	2016 年 3 月	中国人民银行出台了资本流动宏观审慎管理框架，在框架下监测跨境金融风险指标。当指标达到一定水平时，中国人民银行会调整各种参数，以防止风险	2018 年 1 月放松	2018 年 1 月，企业和非银行机构对外借款最高杠杆率从 1 放宽至 2，其他参数保持不变
哥斯达黎加	流入	税	2014 年 2 月	中央银行可以启用最多长达 6 个月的非居民固定收益证券利息税	2018 年 12 月取消	该措施在 2018 年 12 月取消之前从未实施过
哥斯达黎加	流入	准备金要求	2014 年 2 月	中央银行可以启用最多长达 6 个月的对外借款无报酬准备金要求	2018 年 12 月取消	该措施在 2018 年 12 月取消之前从未实施过
塞浦路斯	流出	限制	2013 年 5 月	储户可在其正常业务活动内并在提交证明文件后向国外转移资金，每个账户每天 5000 欧元以内无须批准。金额较大的需要大的需要批准	2013 年 4 月、8 月放松，和 11 月放松，2015 年 4 月取消	自 2013 年 4 月起，在塞浦路斯没有国内业务的外国银行国际账户也可以进行转账。限额于 2013 年 8 月提高到 50 万欧元，2013 年 11 月提高到 100 万欧元，2015 年 4 月取消

续表

经济体	流入（流出）	CFM 类型	日期	描述	目前状态变化	政策变化
塞浦路斯	流出	限制	2013 年 5 月	现金提取的限额为每天 300 英镑	2013 年 4 月放松，2014 年 3 月取消	自 2013 年 4 月起，取消在塞浦路斯没有国内业务的专门指定外国银行的国际银行转账限制。该限制于 2014 年 3 月取消
塞浦路斯	流出	限制	2013 年 5 月	个人出国旅行可携带现金限制为 1000 欧元	2013 年 4 月和 8 月放松，2015 年 4 月取消	自 2013 年 4 月起，取消在塞浦路斯没有国内业务的专门指定外国银行的国际账户限制。2013 年 8 月将限额提高到 3000 欧元，2015 年 4 月取消
塞浦路斯	流出	限制	2013 年 5 月	个人通过信用卡、借记卡在国外支付的金额限制为每人每月 5000 欧元	2013 年 8 月取消	
刚果民主共和国	流出	汇回要求	2002 年 7 月	采矿出口商必须在收到出口收益的 15 天内将 40% 的出口收益汇回其在刚果民主共和国的银行账户	2018 年 3 月收紧	汇回比例增加到 60%，使用汇回的收益受到限制
厄瓜多尔	流出	税	2007 年	向海外转账的税率从 2009 年的 0.5% 提高到 1%，2010 年提高到 2%，2012 年提高到 5%	2016 年 7 月修订	2016 年 7 月进行了修订，对每年通过信用卡或借记卡支付的国外旅行为 5000 美元以内的交易豁免交税。对携带出国的现金适用 5% 的税，起征点：成年人 1098 美元，未成年人 366 美元
格鲁吉亚	流入	其他	2013 年	对非居民存款超过其存款总额 10% 的银行要求更高比例的流动资产	没有变化	

续表

经济体	流入（流出）	CFM类型	日期	描述	目前状态变化	政策变化
加纳	流出	限制	2014年2月	从银行柜台的外币账户（FCA）和外汇账户（FEA）提取现金仅允许在加纳境外旅行，且每次不得超过10000美元或等值外币。每年从这些账户转移超过10000美元需要文件批准	2014年6月和8月放松	2014年6月，限额降低至1000美元或等值外币。2014年8月取消了该限制。旅行和每年没有批准文件的转账限额为10000美元
加纳	流出	禁止	2014年2月	所有未提取的外币贷款必须转换为当地货币，银行按转换当日当天的银行间平均汇率对现有外币贷款进行兑换	2014年6月取消	2014年6月，允许以原始货币提取外币贷款的未提取余额
加纳	流出	强制结汇要求	2014年2月	在收到出口收益后（黄金和可可出口收益除外），须上缴加纳中央银行，中央银行在5个工作日内根据转换当天银行间汇率将收益转换为塞地	2014年6月取消，2016年7月修订	2014年6月，允许黄金和可可出口可以售给商业银行。2016年7月，取消5天内的转换要求。2016年7月，允许将出口收益出售给银行，而不是中央银行

续表

经济体	流入（流出）	CFM类型	日期	描述	目前状态变化	政策变化
希腊	流出	限制	2015年6月	每天从希腊或任何国外信贷机构的分行或自动取款机提取的现金不得超过60欧元。在希腊和国外通过信用卡或预付卡取款也受到限制	2016年7月，2017年8月和11月，2018年3月和6月放松；2018年10月取消在希腊境内提款限制；2019年9月取消	自2016年7月以来，储户每两周一次的取款限额为840欧元。从国外转移的金额提取比例限制从10%提高到30%。2017年8月，双周限额改为每月1800欧元。从国外转移的金额提取比例限制提高到100%。2018年3月，每月取款限额提高到2300欧元。2018年6月提高到5000欧元。希腊境内和国外的取款限制分别于2018年10月和2019年9月取消
希腊	流出	禁止	2015年6月	禁止在希腊银行新开立账户	2017年9月放松，2018年3月取消	2017年9月，如果没有其他账户可用，允许使用新的客户ID。禁令于2018年3月解除
希腊	流出	限制	2015年7月	资金或现金转移到国外须经中央银行批准，中央银行根据使转移请求的紧迫性确定优先顺序	2016年3月，2018年3月和6月放松，2019年9月取消	2016年3月，实行了每月1000欧元的限额（银行为每月总限额）。2018年3月，限额在2个月内提高到2000欧元，2018年6月提高到4000欧元。该限制于2019年9月取消
希腊	流出	限制	2015年7月	禁止储户将资金用于购买现金融工具，但从国外转移的现金或新资金除外；收购新发行的债券和股票，增加希腊实体的资本除外；金融工具投资收益的再投资除外	2016年3月，2018年3月和6月放松，2019年9月取消	2016年3月，实行了每月1000欧元的限额（银行为每月总限额）。2018年3月，限额在2个月内提高到2000欧元，2018年6月提高到4000欧元。该限制于2019年9月取消

续表

经济体	流入（流出）	CFM 类型	日期	描述	目前状态变化	政策变化
希腊	流出	审批要求	2015 年 7 月	资本转移须经央行批准	2018 年 7 月 和 10 月放松，2019 年 9 月取消	对于每天超过 10 万英镑的资金转移，需要央行批准。2018 年 7 月，改为银行批准，每天转账可达 4 万欧元，但每家银行的每周限额为 7 万欧元。2018 年 10 月，每日限额分别提高到 10 万欧元和 100 万欧元。批准要求于 2019 年 9 月取消
希腊	流出	审批要求	2015 年 7 月	投资收益和资本汇出须经央行行批准	2018 年 10 月放松，2019 年 9 月取消	自 2018 年 10 月起，如果投资资金在 2018 年 9 月之后从国外转移到希腊，则允许每年将利润和股息的 100% 转移出去。该限制于 2019 年 9 月取消
希腊	流出	限制	2015 年 7 月	为每家银行海外转账总额设定了每日限额	多次放松，2019 年 9 月取消	
中国香港	流入	印花税	2013 年 2 月	提高新住宅印花税（NRSD）。首次购房或唯一房屋置换的香港永久性居民其印花税税率须低于非居民	2016 年 11 月收紧，2017 年 4 月修订	2016 年 11 月，NRSD 费率提高为 15%。2017 年 4 月，收紧 NRSD 制度下的豁免
冰岛	流出	限制	2008 年 10 月	不需要央行批准的外币兑换额度从 1000 万冰岛克朗减少到 500 万冰岛克朗	2016 年 10 月放松，2017 年 3 月取消	2016 年 10 月限额提高到 600 万新元，2017 年 3 月取消
冰岛	流出	禁止	2008 年 11 月	禁止非居民通过出售或清算某些以克朗计价的投资转移资本	2017 年 1 月和 2019 年 3 月放松	2017 年 1 月，个人向国外转移资金的年度额度增加。离岸克朗于 2019 年 3 月获准以市场汇率换回转出

续表

经济体	流入（流出）	CFM 类型	日期	描述	目前状态变化	政策变化
冰岛	流出	禁止	2008 年 11 月	期限低于一年且每年超过每人 1000 万新元的非居民贷款被禁止。贷款协议必须在签署后一周内提交给交易商。集团内企业之间的授权交易给商。集团内贷款仍然允许提前还贷	2017 年 3 月取消	
冰岛	流出	强制汇回要求	2008 年 11 月	居民获得的所有外币必须汇回冰岛	2017 年 3 月取消	
冰岛	流出	其他	2009 年 10 月	来自国外的股息、利息和合同付款需要以外币支付	2017 年 3 月取消	
冰岛	流出	审批要求	2010 年 4 月	不需要央行批准购买外币的月限额从 50 万冰岛克朗降低到 35 万冰岛克朗	2016 年 10 月，2017 年 1 月放松，2017 年 3 月取消	2016 年 10 月，限额提高到 70 万冰岛克朗；2017 年 1 月成为 1 亿冰岛克朗总额度的一部分，2017 年 3 月取消
冰岛	流出	禁止	2015 年 6 月	禁止在国内外汇市场购买外汇以偿还公司间跨境贷款，但与货物和服务贸易有关的贷款除外	2017 年 3 月取消	

续表

经济体	流入（流出）	CFM 类型	日期	描述	目前状态变化	政策变化
冰岛	流入	准备金要求	2016 年 6 月	特定的资本流入可达到 75% 的准备金率，准备金存入期限长达五年。存款类款项在央行的储备金账户。2016 年 6 月 4 日之后进入冰岛的特定外币债务的准备金率设定为 40%，期限为 12 个月，并且不支付利息	2016 年 10 月和 2017 年 1 月放松，2017 年 6 月收紧，2018 年 11 月放松，2019 年 3 月下降至零	2016 年 10 月，个人资本流入 3000 万冰岛克朗以内免除无息准备金。2017 年 1 月，免税额进一步增至 1 亿冰岛克朗。2017 年 6 月，无息准备金覆盖范围扩大到包括与国外发行价克朗计价衍生品交易。2018 年 11 月，关的货币套期保值率从 40% 降至 20%。2019 年 3 月，无息准备金率降低至零
印度	流入	审批要求	1991 年 7 月	实行关于行业限制和批准要求的外商直接投资条例	2013 年、2018 年 1 月和 2019 年 3 月放松	2013 年放宽了外商直接投资入上限、单品牌零售交易、房地产纪经服务和核心投资公司允许股份达到 100%；允许外国航线下投资高达 49% 的股份，但须遵守一定条件。从 2019 年 3 月开始，某些部门开设海外实体的分行/办事处无须印度央行批准
印度	流入	限制	1995 年	外国证券投资者计划（FPI）涵盖非居民对印度证券的投资，包括所有证券、政府债券、公司债券和可转换证券	2013 年、2018 年 1 月和 2019 年 3 月放松	2016 年，FPI 购买政府债券的限额有所提高。自 2018 年 4 月起，FPI 对中央政府证券的投资限额每年提高 0.5%，2018—2019 年占已发行证券存量的 6%，2018 年 4 月，确定所有证券的总限额和单一公司债券限额，即政府证券从 20% 提高到 30%。从 2018 年 5 月开始，允许 FPI 投资剩余期限低于一年的公司债券。2018 年 9 月，单一投资者限额从总限额的 25% 提高到 20%，以及中央政府发行的国库券。2019 年 2 月，公司债券的总限额被取消。2019 年 4 月，FPI 可以在限额内投资市政债券

续表

经济体	流入(流出)	CFM类型	日期	描述	目前状态变化	政策变化
印度	流入	限制	2000年5月	对银行境外的外币借款实行了限制	2013年放松	2013年，银行总外币贷款限额从上一季度末动用一级资本或资本1000万美元为准（以较高者为准，不包括外币出口信贷融资和资本工具）的15%提高到100%。这些借款获准使用央行的优惠利率（低于市场利率100个基点），期限为1~3年
印度	流入	限制	2000年5月	允许符合条件的居民实体通过认可的非居民实体筹集商业贷款，但需符合最低到期日、允许和不允许的最终用途、最高成本上限等参数	2013年，2014年9月，2015年11月，2018年4月、10月和11月，2019年1月放松	2013年，基础设施融资公司海外借款占自有资金的比例从50%提高到75%，合格的外币贷款机构获准与印度符合条件的银行进行掉期交易，以印度户比提供贷款。2015年11月，减少了对最终用途的限制，并上调了以户比计价的借款的总成本上限。2018年4月，统一外部商业贷款框架，规定统一的总成本上限为基准利率加450个基点。2018年10月，允许石油上市公司利用3~5年期的外部商业筹集营运资本（以前禁止）；制造业公司允许最低1年期的外部商业贷款。2018年11月，基础设施领域外部商业借款最低平均期限从5年减为3年；豁免强制性对冲要求的平均期限从10年降低到5年；第一阶段的强制性对冲要求从100%降低70%，平均期限在3~5年。2019年1月，对外部商业借款框架进行合理化调整，并扩大了准入范围

续表

经济体	流入（流出）	CFM 类型	日期	描述	目前状态变化	政策变化
印度	流出	限制	2003 年 3 月	海外直接投资的限额初步设定为自动申请渠道下印度实体净资产的 100%	2013 年 8 月收紧，2014 年 7 月总体放松	2013 年 8 月，该限额从印度实体净资产的 400% 降低到 100%。2014 年 7 月，限额重回 400%，但印度央行审批在一个财年内超过 10 亿美元的任何融资承诺
印度	流入	限制	2015 年 9 月	允许企业发行卢比计价的债券（Masala），其期限最低为 5 年，有最终用途限制	2017 年 10 月和 2018 年 4 月放松	自 2017 年 10 月生效，印度央行将马萨拉债券的发行排除在外国证券投资限额之外。2018 年 4 月，在基准利率基础上，规定了 450 个基点的总成本上限（此前为 300 个基点）
印度尼西亚	流入	限制	2015 年 1 月	持有外币外债的非银行机构必须执行审慎原则，即需满足最低套期对冲比率、最低流动性比率和由印度尼西亚银行认可的评级机构发出的不低于 BB - 级的信用评级。从 2017 年开始，对冲交易必须与印度尼西亚当地银行开展	没有变化	

续表

经济体	流入(流出)	CFM类型	日期	描述	目前状态变化	政策变化
哈萨克斯坦	流入	准备金要求	2006年7月	2006年推出按国内负债(6%)和外部负债(8%)区分的最低准备金要求。2008—2009年分别降至1.5%和2.5%。2010—2011年,这一比率分别提高到2.5%和4.5%	2012年11月和2015年5月修订,2019年7月删除	2012年11月,引入了按期限区分的标准:国内短期负债(2.5%)、国内长期负债(6%)、外部短期负债(0)、外部长期负债(2.5%)。2015年5月,引入了按货币区分的第三个标准:本币和外币国内长期负债(2%)、本币和外币的短期外债(4%)、以外币计价的短期外债(6%)、本地外币和外币长期外债(2%)、居民与非居民之间的外债(2%)。2019年7月,居民与非居民之间的差别被取消
韩国	流入	限制	2010年10月	国内银行外汇衍生合约的最高限额为银行资本的50%,外资银行分行为250%	2013年1月收紧,2016年7月放松	2013年1月,国内银行的限额降至30%,外资银行分行的限额降到150%。2016年7月,国内银行分行的限额提高到40%,外资银行分行的限额提高到200%
韩国	流入	税	2011年8月	对银行非核心外币负债征收宏观审慎税,1年期为0.2%,1～3年为0.1%,3～5年期为0.05%,5年期及以上为0.02%。不过,在紧急情况下,特别是资本流入突然激增时,可征收额外税项,最多6个月,总征款高达1.0%	2015年7月修订	从2015年7月开始,目标机构扩大到银行之外,包括证券公司、信贷专业银行和保险公司。然而,为减轻非银行金融机构的负担,对非存款外币负债超过每月1000万美元的非银行金融机构征收。另外,仅对2015年7月1日之后发生的负债征税,无论合同的初始期限如何,修订后的征税单一费率(10个基点)适用于所有剩余期限为1年期或以下的非核心外币负债

续表

经济体	流入（流出）	CFM类型	日期	描述	目前状态变化	政策变化
利比里亚	流出	强制售汇要求	2016年12月	对汇款提出了25%的强制售汇要求	2018年12月暂停，2019年2月重新推出	2018年12月，利比里亚中央银行暂时中止了强制售汇要求。该措施施于2019年2月重新推出
中国澳门	流入	贷款价值比	2010年	房价低于330万澳门元时，非居民的住房贷款价值比率（LTV）为70%，居民为90%。对于高于或等于330万澳门元门槛的房产，非居民和居民的LTV均为70%。LTV随后在2011年和2012年降低	2017年收紧	2017年，非首次购房居民和所有非居民LTV降低，非居民比率低于非首次购房居民。具体比率因按揭类型及物业价格而异
马达加斯加	流出	强制结汇要求	2014年8月	货物发货之日起30天、60天又还是90天内收到的外币，通过银行同外汇市场上对出口外汇收益的10%、15%或20%强制结汇	2015年8月收紧 2015年11月和2016年6月放松	自2015年8月12日，所有商品服务出口供应商（包括旅游业）都实施了100%外币强制结汇要求。自2015年11月起，比例降低到80%。此命令于2016年5月到期，但于2016年6月以70%重新推出
马来西亚	流出	禁止	1998年	境内银行不能参与或为离岸林吉特衍生产品交易提供便利	2016年11月加强资本流动管理	2016年11月，又进行了程序性改革，实施该禁令

续表

经济体	流入（流出）	CFM类型	日期	描述	目前状态变化	政策变化
马来西亚	流入	限制	2009年6月	2009年6月，外国人购买房产的最低价格为25万林吉特，2010年1月增加到50万林吉特	2014年1月收紧	2014年1月，最低价格从50万林吉特提高至100万林吉特
马来西亚	流入	税	2014年1月	2014年1月，区分居民和非居民征收房地产增值税，居民持有不动产，3年内出售，税率30%；持有4年出售，税率20%；持有5年出售，税率5%；持有超过5年出售，税率0；非居民持有不动产5年内出售，税率30%，持有超过5年出售，税率5%	2019年1月收紧	2019年1月，持有超过5年出售，非居民税率从5%提高至10%，居民税率从0提高至5%。但是，价格低于20万林吉特的经济适用房豁免征税
马来西亚	流出	强制结汇	2016年12月	出口商必须通过持牌的在岸银行将出口货物收入的75%的外汇兑换成林吉特。转换后的林吉特可存入特殊人民币存款设施，利率为3.25%，可用于重新换成外汇，以履行其他经常账户债务。此外，允许出口商在6个月内将结汇的资金重新换成外汇，进口预计的贷款，出口收益必须在6个月内汇回，但没有强制结汇要求	2018年8月放松	2018年8月，马来西亚国家银行放宽了强制结汇要求，允许出口商持有不超过外汇收入25%的外汇

经济体	流入（流出）	CFM 类型	日期	描述	目前状态变化	政策变化
马来西亚	流出	限制	无	对居民借国内林吉特进行外币投资进行限制	2016 年 12 月收紧，2019 年 8 月放松	2016 年 12 月，限制扩大至所有居民（包括以前获豁免的出口商）。2019 年 8 月，根据适用的海外投资政策，企业杂项费用（员工差旅费）的信贷贷款不包括在国内林吉特借款中
新西兰	流入	审批要求	2018 年 8 月	议会通过了一项新法案，只有新西兰和澳大利亚公民以及两国永久居民才能无须经过海外投资办公室的批准在新西兰购买住宅用地。该法案规定了海外人士可以购买住宅用地的某些情况：（1）如果他们将开发土地，增加新西兰的住房供应；（2）如果他们将土地转为另一用途，并能够证明这将给国家带来更广泛的利益；（3）如果他们持有适当的签证，并可以表明他们已承诺居住在新西兰。该法案包括一些豁免，如大型公寓楼	没有变化	

续表

经济体	流入（流出）	CFM 类型	日期	描述	目前状态变化	政策变化
尼日利亚	流出	限制	2015 年 4 月	海外交易的萘拉借记卡/信用卡限额从每人每年 15 万美元降低到 5 万美元。此外，授权交易商应确保卡内的现金取款限制为每人每天 300 美元和每人每月 1000 美元	2018 年 7 月放松	2018 年 7 月，限额提高到每卡用户每天 100 美元或每月 3000 美元的累计限额
尼日利亚	流出	禁止	2015 年 6 月	尼日利亚官方外汇市场禁止购买清单包括欧洲债券和外币债券/股票购买	没有变化	
北马其顿	流出	其他	2015 年 6 月	限制北马其顿共和国居民（自然人和法人）向希腊实体的资本外流，但对 2015 年 6 月 28 日公告前达成的交易没有限制。这项措施是暂时的，时限为 6 个月	2015 年 12 月取消	
秘鲁	流入	准备金要求	2010 年 2 月	对期限不到两年的外币信贷和其他外债的准备金要求从零增加到 35%	2015 年 1 月收紧，2015 年 2 月放松	自 2015 年 1 月起，外币边际存款准备金率从 50% 提高至 60%。自 2015 年 2 月起，一般准备金要求为 50%，但为外贸融资的除外

续表

经济体	流入／流出	CFM 类型	日期	描述	目前状态变化	政策变化
秘鲁	流入／流出	限制	2011 年 1 月	外币衍生工具净头寸的净值上限为净资产的 40% 或 4 亿索尔，以较高者为准	2012 年 12 月收紧，2015 年 8 月放松	2012 年 12 月，外币净衍生工具头寸的上限为净股本的 20%，即 3 亿索尔，以较大者为准。2015 年 8 月，衍生品多头头寸的限额为净值的 40% 或 6 亿索尔，衍生品空头头寸限额为净值的 20% 或 3 亿索尔
秘鲁	流入	税	2011 年 7 月	所得税的适用税率为 30%，扩大到与居民进行金融衍生品交易的所有非居民收益。后来这一规定改为仅适用于短期非居民收益	2015 年 4 月放松	2015 年 4 月，短期定义改为 3 天以下或等于 3 天。由于几乎所有交易都超过 3 天，有效应用接近于零
秘鲁	流入／流出	准备金要求	2015 年 2 月	对日常经营外汇衍生工具超过其权益 10% 或 4 亿美元的金融机构，或每周业务超过 1 亿美元的金融机构，上调了其本币存款准备金率，并根据超出程度确定超额准备金率	2015 年 5 月 8 月收紧，2017 年 4 月和 5 月，2018 年 6 月，2019 年 2 月和 4 月放松	2015 年 5 月，外汇衍生工具每日业务限额降至股本的 8% 或 9000 万美元，每周操作限额降至股本的 20% 或 3.5 亿美元。2015 年 8 月，每日业务限额设定为 9000 万美元，每周运营限额设定为 2.5 亿美元。此外，所有案件的额外准备金要求被设定为盈余的 200%。2017 年 4 月，取消了以近期短期（9000 万美元）形式对外汇销售的每日限制。2017 年 5 月，每周限额提高到 4 亿美元，月限额提高到 12 亿美元。2018 年 6 月，每周限额提高到 13.2 亿美元，月限额提高到 4.4 亿美元，月限额提高到 5000 亿美元。2019 年 2 月，每周限额提高到 15 亿美元，取消了月度限额。2019 年 4 月，取消了月限额

续表

经济体	流入（流出）	CFM 类型	日期	描述	目前状态变化	政策变化
秘鲁	流出	准备金要求	2015 年 3 月	对 2014 年 12 月平均空头头寸超过当前资本 100% 或超过 8 亿美元的金融机构，将额外准备金要求设定为盈余的 50%	2015 年 5 月至 8 月不断收紧	存款准备金率从 50% 逐步收紧至 75%，最终于 2015 年 8 月上调至 200%
俄罗斯	流出	限制	2014 年 11 月	五家大型国有企业要确保到 2015 年 3 月 1 日其外国净资产规模不超过 2014 年 10 月 1 日的水平	2015 年 3 月取消	
新加坡	流入	印花税	2011 年 12 月	对购买某些类别住宅物业征收新的附加买方印花税（ABSD）：（1）购买住宅物业的外国人和非个人（公司实体）必须支付 10% 的 ABSD；（2）购买第二套住宅物业的新加坡永久居民必须支付 3% 的 ABSD；（3）购买第三套住宅物业的新加坡公民必须支付 3% 的 ABSD	2013 年 1 月和 2018 年 7 月收紧	2013 年 1 月和 2018 年 7 月 ABSD 利率有所提高：（1）购买任何住宅物业的非居民需支付 20% 的 ABSD（2013 年 1 月为 15%，2011 年 12 月为 10%）；（2）购买第二套住宅物业的新加坡永久居民需支付 15% 的 ABSD（2013 年 1 月为 10%，2011 年 12 月为 3%）；（3）购买第三套住宅物业的新加坡公民需支付 15% 的 ABSD（2013 年 1 月为 10%、2011 年 12 月为 3%）；（4）购买任何住宅物业的实体需支付 25% 的 ABSD（2013 年 1 月为 15%，2011 年 12 月为 10%），而房屋开发商预付 5% 的 ABSD 是不可汇出的。购买新加坡物业的外国人支付 12% 的 ABSD（2013 年 1 月为 7%），购买第一套住宅物业的新加坡永久居民支付 5% 的 ABSD（自 2013 年 1 月起无变化），购买新加坡第一套住宅物业的新加坡公民支付 5% 的 ABSD（自 2013 年 1 月起无变化）

续表

经济体	流入（流出）	CFM 类型	日期	描述	目前状态变化	政策变化
斯里兰卡	流入	限额	2006 年 11 月	限制非居民可持有以卢比计价的政府证券数量为发行总额的 5%	2007 年、2008 年和 2011 年放松，2015 年和 2019 年 1 月收紧	自推出以来，变化频繁。2007 年，这一上限提高到 10%；2008 年扩展到 T–bills（也为 10%）；2011 年提高至 12.5%；2015 年降至 10%；并在 2019 年进一步降至 5%
斯里兰卡	流出	强制结汇	2016 年 4 月	公司必须在 2016 年 5 月 1 日前将留存在国外的 2016 年 4 月 1 日之前的出口收益汇回斯里兰卡。2016 年 4 月 1 日之后收到的任何此类外汇需在货物出口之日起 90 天内汇回斯里兰卡	2016 年 9 月延长强制结汇期	2016 年 9 月，强制结汇期延长至 120 天，宽限期为 30 天
斯里兰卡	流出	限制	2018 年 9 月	商业银行的外汇衍生品净头寸限额为 500 万美元	2018 年 10 月取消	2018 年 10 月，限额由银行日均外汇交易量和资本基数决定
乌克兰	流入流出	准备金要求	2008 年 8 月	对非居民 183 个自然日内的外币存款和贷款，实行 20% 的准备金要求	2014 年 2 月降为 0	

163

续表

经济体	流入（流出）	CFM 类型	日期	描述	目前状态变化	政策变化
乌克兰	流出	强制结汇要求	2012 年 11 月	对居民出口商品和服务以及非居民每月超过 15 万格里夫纳收入的外汇收入，实行 50% 的强制结汇要求	2013 年 10 月收紧，2013 年 11 月和 2014 年 7 月放松，2014 年 8 月和 9 月收紧，2017 年 2 月和 4 月，2018 年 3 月，2019 年 6 月取消	自 2013 年 10 月起，50% 的强制结汇要求适用于法人（银行除外）和个体工商户的所有外汇收入。2014 年 8 月，结汇比率增至 100%；然后在 2016 年 5 月减少到 75%，2017 年 4 月下降到 60%，2019 年 3 月下降到 50%，并在 2019 年 6 月取消到 30%。另外，豁免范围扩大，包括 2013 年 11 月国际金融机构的贷款；2014 年 7 月居民和非居民个人收入的外汇收益；2016 年 5 月对外投资外汇收入；2017 年 2 月参加拍卖缴纳的外汇保证金；2018 年 3 月，居民对非居民外汇债务的借新还旧贷款，豁免自动废止。2019 年 6 月取消结汇要求后。
乌克兰	流出	禁止	2014 年 2 月	禁止居民购买外汇提前支付与非居民签订的合约（包括通过对贷款协议的其他修订）。	2017 年 4 月，7 月和 8 月以及 2018 年 3 月放松，2019 年 2 月取消	2017 年 4 月放宽了对银行（包括特定情况下非金融公司）的限制，7 月放宽了对所有非居民投资的限制。2019 年 2 月，新货币法生效时，剩余的限制全部解除
乌克兰	流出	限制	2014 年 3 月	对每日个人购买外币数额实行限制	2014 年 3 月 9 月和 2016 年 3 月收紧，2017 年 6 月和 2017 年 4 月放松	2014 年 3 月，9 月，限额降低到 15000 格里夫纳的等额外币；2016 年 3 月，限额降低到 3000 格里夫纳，6 月，限额提高到 6000 格里夫纳的等额外币；2017 年 4 月，限额提高到 12000 格里夫纳的等额外币；2017 年 4 月，限额提高到 15 万格里夫纳的等额外币

续表

经济体	流入（流出）	CFM类型	日期	描述	目前状态变化	政策变化
乌克兰	流出	限制	2014年3月	个人外币取款的每日限额从每人15万格里夫纳降低到每人1.5万格里夫纳	2015年9月以及2016年3月、6月和9月放松，2017年8月取消	2015年9月，限额提高到2万格里夫纳；2016年3月、6月和9月，限额分别提高到5万、10万和25万格里夫纳；2017年8月，该限制取消
乌克兰	流出	持有期	2014年3月	授权银行在代客购买外汇时，必须先将货币资金存入单独的分析师账户。资金在存入账户后的第6个工作日方可转出用于外汇购买	2014年9月放松，2015年3月收紧，2016年5月放松，2019年2月取消	2014年9月，该要求被放宽为资金在账户中至少3天；2015年2月收紧至最少4天；2016年5月逐步放松至"T+1"。2019年2月，新货币法生效，"T+1"的限制被取消
乌克兰	流出	限制	2014年3月	在国外使用支付卡支付外币设定每天15000格里夫纳等额外汇的限制	2015年12月取消	
乌克兰	流出	限制	2014年6月	每天从外汇交易商银行本币账户的取款限额为15万格里夫纳	2015年7月和2016年3月放松，2016年6月取消	2015年6月，限额提高到30万格里夫纳；2016年3月，提高到50万格里夫纳；2016年6月取消限额

续表

经济体	流入（流出）	CFM 类型	日期	描述	目前状态变化	政策变化
乌克兰	流出	禁止/限制	2014 年 9 月	禁止股份向国外转移。禁止在证券交易所上市出售证券（不包括政府证券）、未在证券交易所上市的证券以及以股份为代表的公司权利的收益向国外转移	2016 年 6 月，2017 年 4 月和 11 月，2018 年 3 月，2019 年 2 月和 5 月放松；2019 年 7 月取消；2017 年 6 月放松证券销售的限制，2019 年 9 月取消额	2016 年 6 月，允许在每月限额内向国外转移。2017 年 4 月，允许在每月限额内向国外转移 2016 年股息。2017 年 11 月，允许向国外转移 2014 年之前的所有股息。2018 年 3 月，允许从往年（每月限额）返还股息。2019 年 2 月，允许每月限额内向国外转移 2018 年股息，2019 年 5 月，月度限额增加。2019 年 7 月，该限制被取消。2017 年 6 月，解除了向国外转移的限制，给予了出售证券所得每月 500 万美元上限。2019 年 9 月，该限制被取消
乌克兰	流出	限制	2014 年 9 月	银行外汇多头持仓限额从资本的 5% 降低到 1%	2018 年 5 月和 7 月放松	2018 年 5 月限额提高到 3%，2018 年 7 月提高到 5%
乌克兰	流出	其他	2015 年 3 月	居民向指定外汇交易商购买外汇前，必须先使用外汇账户中的余额进行跨境支付和转账。账户余额不超过 1 万美元的情况下可以豁免	2015 年 6 月，2017 年 2 月放松，2017 年 5 月取消	2015 年 6 月限额提高到 2.5 万美元；2017 年 2 月上调为 10 万美元；并在 2017 年 5 月取消
乌克兰	流出	禁止	2015 年 3 月	禁止银行证券交易所进行外汇衍生品交易	2016 年 11 月放松	2016 年 11 月，授权银行获准在证券交易所开展以外币为基础资产的金融衍生品自营业务

续表

经济体	流入（流出）	CFM 类型	日期	描述	目前状态变化	政策变化
乌克兰	流出	限制	2015 年 3 月	银行每日购汇限额设定为资本的 0.1%	2017 年 2 月和 8 月放松，2018 年 3 月取消	2017 年 2 月，限额提高至 0.5%；2017 年 8 月为 1%；2018 年 3 月取消
乌克兰	流出	禁止	2015 年 3 月	禁止非居民在证券交易所卖出售乌克兰政府债券并将从转移到国外，这项禁令不适用于在协议颁布之前购买的政府债券	2017 年 3 月取消	
乌兹别克斯坦	流出	强制结汇	2015 年 3 月	小微企业出口特定产品外汇收入的 25%～50% 必须结汇	2016 年 1 月收紧，2017 年 9 月取消	2016 年 1 月，强制售汇要求扩大到涵盖的产品大到天然气。该要求于 2017 年 9 月取消

资料来源：IMF。

167

参考文献

［1］白晓燕，郭昱．汇改前后人民币汇率预期的波动特征研究［J］．国际金融研究，2014（6）：31－39.

［2］白晓燕，王培杰．资本管制有效性与中国汇率制度改革［J］．数量经济技术经济研究，2008（9）：65－75.

［3］曹红辉，王琛．人民币汇率预期：基于ARCH族模型的实证分析［J］．国际金融研究，2008（4）：52－59.

［4］曹媚．国际投机资本流入中国的贸易根源［J］．世界经济研究，2009（7）：22－26.

［5］陈卫东，王有鑫．人民币贬值背景下中国跨境资本流动：渠道、规模、趋势及风险防范［J］．国际金融研究，2016（4）：3－12.

［6］陈卫东，王有鑫．跨境资本流动监测预警体系的构建和应用［J］．国际金融研究，2017（12）：65－74.

［7］陈学彬，余辰俊，孙婧芳．中国国际资本流入的影响因素实证分析［J］．国际金融研究，2007（12）：53－60.

［8］戴淑庚，余博．资本账户开放背景下中国短期资本流动的驱动因素研究——基于半参数平滑系数模型［J］．国际金融研究，2019（5）.

［9］董有德，谢钦骅．汇率波动对新兴市场国家资本流动的影响研究——基于23个新兴市场国家2000—2013年的季度数据［J］．国际金融研究，2015（6）：42－52.

［10］方先明，裴平，张谊浩．国际投机资本流入：动机与冲击——基于中国大陆 1999—2011 年样本数据的实证检验［J］．金融研究，2012（1）：65－75.

［11］范小云，朱张元，肖立晟．从净资本流动到总资本流动——外部脆弱性理论的新发展［J］．国际金融研究，2018（1）：16－23.

［12］范小云，刘粮，陈雷．从"货币三元悖论"到"金融三元悖论"——国际资本流动研究的新思路［J］．国际经济评论，2018（4）：126－144.

［13］国家外汇管理局．中国跨境资本流动监测报告［OL］．2011—2015. www. safe. gov. cn.

［14］国家外汇管理局江苏省分局资本项目处课题组．跨境资本流动的价格型宏观审慎管理工具研究［J］．金融纵横，2017（1）：28－34.

［15］苟琴等．中国短期资本流动管制是否有效［J］．世界经济，2012（2）：26－44.

［16］葛奇．宏观审慎管理政策和资本管制措施在新兴市场国家跨境资本流出入管理中的应用及其效果——兼析中国在资本账户自由化过程中面临的资本流动管理政策选择［J］．国际金融研究，2017（3）：3－14.

［17］韩剑，陈继明，李安娜．资本流入激增会诱发突然中断吗？——基于新兴市场国家的实证研究［J］．金融研究，2015（3）：36－50.

［18］黄薇，任若恩．主流汇率制度分类方法及相关争论［J］．国际金融研究，2010（3）：83－94.

［19］黄宪，杨逸，胡婷．国际资本流动大幅逆转对新兴市场国家经济增长都是负效应吗？——全球化资本流出管制的适配性［J］．国际金融研究，2019（7）：3－13.

［20］蒋先玲，刘微，叶丙南．汇率预期对境外人民币需求的影响［J］．国际金融研究，2012（10）：68－75.

［21］金中夏. 中国汇率、利率和国际收支的互动关系: 1981—1999 ［J］. 世界经济, 2000 (9): 19 – 24.

［22］金荦, 李子奈. 中国资本管制有效性分析 ［J］. 世界经济, 2005 (8): 22 – 31.

［23］李庆云, 田晓霞. 中国资本外逃规模的重新估算: 1982—1999 ［J］. 金融研究, 2000 (8): 73 – 82.

［24］李晓峰, 陈华. 人民币即期汇率市场与境外衍生市场之间的信息流动关系研究 ［J］. 金融研究, 2008 (5): 14 – 24.

［25］李扬. 中国经济对外开放过程中的资本流动 ［J］. 经济研究, 1998 (2): 14 – 24.

［26］刘莉亚. 境外"热钱"是否推动了股市、房市的上涨? ——来自中国市场的证据 ［J］. 金融研究, 2008 (10): 48 – 70.

［27］刘莉亚, 程天笑, 关益众, 杨金强. 资本管制能够影响国际资本流动吗? ［J］. 经济研究, 2013 (5): 33 – 46.

［28］刘莉亚, 程天笑, 关益众, 刘晓磊. 资本管制对资本流动波动性的影响分析 ［J］. 国际金融研究, 2013 (2): 37 – 46.

［29］刘立达. 中国国际资本流入的影响因素分析 ［J］. 金融研究, 2007 (3): 62 – 70.

［30］刘威, 李炳. 文化距离与跨境证券投资选择: 影响及比较 ［J］. 国际金融研究, 2016 (3): 72 – 83.

［31］吕光明, 徐曼. 中国的短期国际资本流动——基于月度 VAR 模型的三重动因解析 ［J］. 国际金融研究, 2012 (6): 61 – 69.

［32］李凤羽, 杨墨竹. 经济政策不确定性会抑制企业投资吗? ——基于中国经济政策不确定指数的实证研究 ［J］. 金融研究, 2015 (4): 115 – 129.

［33］宋文兵. 中国的资本外逃问题研究: 1987—1997 ［J］. 经济研究, 1999 (5): 39 – 47.

［34］孙国峰，李文喆．货币政策、汇率和资本流动——从"等边三角形"到"不等边三角形"［R］．中国人民银行工作论文，2017（3）．

［35］谈俊．中国短期跨境资本流动宏观审慎管理研究［M］．北京：社会科学文献出版社，2018：105－115．

［36］谭小芬，张凯，耿亚莹．全球经济政策不确定性对新兴经济体资本流动的影响［J］．财贸经济，2018（3）：35－47．

［37］唐旭，梁猛．中国贸易顺差中是否有热钱，有多少？［J］．金融研究，2007（9）：1－19．

［38］田拓．后危机时代对跨境资金流动管理的思考——兼评IMF关于管理资本流入的政策框架［J］．国际金融研究，2011（8）：50－55．

［39］田拓，马勇．中国的短期跨境资金流动——波动性测度及影响因素分析［J］．金融研究，2013（12）：87－99．

［40］王国刚，余维彬．"国际热钱大量流入中国"论评析［J］．国际金融研究，2010（3）：41－52．

［41］王世华，何帆．中国的短期国际资本流动：现状、流动途径和影响因素［J］．世界经济，2007（7）：12－19．

［42］王信，林艳红．90年代以来我国短期资本流动的变化［J］．国际金融研究，2005（12）：62－68．

［43］王琦．关于我国国际资本流动影响因素计量模型的构建和分析［J］．国际金融研究，2006（6）：64－69．

［44］吴丽华，傅广敏．人民币汇率、短期资本与股价互动［J］．经济研究，2014（11）：72－86．

［45］伍戈，陆简．全球避险情绪与资本流动——"二元悖论"成因探析［J］．金融研究，2016（11）：1－14．

［46］项卫星，王达．国际资本流动格局的变化对新兴市场国家的冲击——基于全球金融危机的分析［J］．国际金融研究，2011（7）：51－58．

［47］杨海珍，陈金贤．中国资本外逃：估计与国际比较［J］．世界经济，2000（1）：21－30．

［48］杨胜刚，刘宗华．资本外逃与中国的现实选择［J］．金融研究，2000（2）：73－79．

［49］杨子晖，陈创炼．金融深化条件下的跨境资本流动效应研究［J］．金融研究，2015（5）：34－49．

［50］张春生．IMF的资本流动管理框架［J］．国际金融研究，2016（4）：13－25．

［51］张明．中国面临的短期国际资本流动：不同方法与口径的规模测算［J］．世界经济，2011（2）：39－56．

［52］张明，何帆．人民币国际化进程中在岸离岸套利现象研究［J］．国际金融研究，2012（10）：47－54．

［53］张明，谭小芬．中国短期资本流动的主要驱动因素，2000—2012［J］．国际金融研究，2013（11）：93－116．

［54］张明，肖立晟．国际资本流动的驱动因素：新兴市场与发达经济体的比较［J］．世界经济，2014（8）：151－172．

［55］张明，匡可可．中国面临的跨境资本流动：基于两种视角的分析［J］．上海金融，2015（4）：23－28．

［56］张谊浩，沈晓华．人民币升值、股价上涨和热钱流入关系的实证研究［J］．金融研究，2008（11）：87－98．

［57］张谊浩，裴平，方先明．中国的短期国际资本流入及其动机——基于利率、汇率和价格三重套利模型的实证研究［J］．国际金融研究，2007（9）：41－52．

［58］中国人民银行上海总部跨境人民币业务部课题组．开放环境下跨境资金流动宏观审慎管理政策框架研究——基于上海自贸区的实践思考［J］．上海金融，2016（6）：64－73．

［59］周远游，刘莉亚，盛世杰．基于汇改视角的人民币汇率异常波动研究［J］．国际金融研究，2017（5）：86－96.

［60］赵进文，张敬思．人民币汇率、短期国际资本流动与股票价格——基于汇改后数据的再检验［J］．金融研究，2013（1）：9－23.

［61］赵文胜，张屹山，赵杨．短期国际资本流动对中国市场变化的反应分析［J］．数量经济技术经济研究，2011（3）：104－117.

［62］赵文兴，孙蕾．宏观审慎理念下的跨境资金流动调控：框架设计与工具选择［J］．南方金融，2015（8）：47－56.

［63］Abadie Alberto，and Javier Gardeazabal. The Economic Costs of Conflict：A Case Study of the Basque Country［J］. American Economic Review，2003.93：113－132.

［64］Abadie. Alberto，Alexis Diamond，and Jens Hainmueller. Synthetic Control Methods for Comparative Case Studies：Estimating the Effect of California's Tobacco Control Program［J］. Journal of the American Statistical Association 2010：105.

［65］Ahmed S.，Zlate A. Capital Flows to Emerging Market Economies：A Brave New World?［J］. Journal of International Money and Finance，2014：221－248.

［66］Albertazzi Ugo，Bottero Margherita. Foreign Bank Lending：Evidence from the Global Financial Crisis［J］. Journal of International Economics，2014（92）：22－35.

［67］Albuquerque Rui，Loayza Norman and Luis Servén. World Market Integration through The Lens of Foreign Direct Investors［J］. Journal of International Economics，2005（66）：267－295.

［68］Andrade，C. Sandro，and Chhaochharia Vidhi. Information Immobility and Foreign Portfolio Investment［J］. Review of Financial Studies，2010（23）：2429－2463.

［69］ Arora Vivek, Vamvakidis Athanasios. China's Economic Growth: International Spillovers ［R］. International Monetary Fund Working Paper, 2010.

［70］ Avdjiev Stefan, McCauley N. Robert and Shin Hyun Song. Breaking Free of the Triple Coincidence in International Finance ［J］. BIS Working Paper, 2015.

［71］ Avdjiev Stefan et al. The Shifting Drivers of International Capital Flows ［J］. BIS Working Paper ［EB/OL］. 2016. https: //www. bis. org/events/cgfs_ibf-sws/avdjiev_paper. pdf.

［72］ Baker S. R. et al. . Measuring Economic Policy Uncertainty ［J］. Quarterly Journal of Economics. 2016, 131 （4）: 1593 – 1636.

［73］ Balli H O, Sorensen B E. Interaction effects in econometrics ［J］. Social Science Electronic Publishing. 2013.

［74］ Bakker, Bas B. , Anne – Marie Gulde. The Credit Boom in the EU New Member States: Bad Luck or Bad Policies? ［R］. IMF Working Paper, 2010.

［75］ Bauer D. Michael, Neely J. Christopher. International Channels of the Fed's Unconventional Monetary Policy ［J］. Journal of International Money and Finance, 2014 （44）: 24 – 46.

［76］ Bank of International Settlement. Changes to the BIS International Debt Securities Statistics ［R］. Bank of International Settlement Quarterly Review, 2015. 9.

［77］ Bank of International Settlement. A Comparison of Nationality Data with External Debt Statistics ［R］. Branimir Gruié and Philip Wooldridge, IFC Bulletin, No 39, 2015.

［78］ Bayoumi Tamim, Ohnsorge Franziska. Do Inflows or Outflows Dominate? Global Implications of Capital Account Liberalization in China ［R］. International Monetary Fund Working Paper, 2013.

［79］ Baskaya Y S, Giovanni J D, Kalemliozcan S, et al. Capital Flows and the International Credit Channel ［C］. NBER International Seminar on Macroeconomics.

[80] Beirne John, Friedrich Christian. Capital Flows and Macroprudential Policies ——A Multilateral Assessment of Effectiveness and Externalities [R]. Bank of International Settlement Working Paper, 2016.

[81] Bluedorn John, Duttagupta Rupa, Guajardo Jaime, and Petia Topalova. Capital Flows are Fickle: Anytime, Anywhere [R]. International Monetary Fund Working Paper, 2011. 8: 1 –37.

[82] Branson W. H. Financial Capital Flows in the United States Balance of Payment [M]. Amsterdam: North – Holland, 1968: 69 –88.

[83] Bremus Franziska, Fratzscher Marcel. Drivers of Structural Change in Cross – border Banking since the Global Financial Crisis [J]. Journal of International Money and Finance, 2015 (52): 32 –59.

[84] Brunnermeier, K. Markus, and Pedersen Heje Lasse. Market Liquidity and Funding Liquidity [J]. Review of Financial Studies, 2009 (22): 2201 –2238.

[85] Brunnermeier M. et al. Banks and Cross – Border Capital Flows: Policy Challenges and Regulatory Responses [R]. Committee on International Economic Policy and Reform, 2012: 1 –60.

[86] Bruno Valentina, Shin Hyun Song. Assessing Macroprudential Policies: Case of Korea [J]. The Scandinavian Journal of Economics, 2014 (116): 128 –157.

[87] Bruno Valentina, Shin Hyun Song. Capital Flows and The Risk – Taking Channel of Monetary Policy [J]. Journal of Monetary Economics, 2015 (71): 119 –132.

[88] Bruno Valentina, Shin Hyun Song. Cross – border Banking and Global Liquidity [J]. Review of Economic Studies, 2015 (82): 535 –564.

[89] Bruno Valentina, Shin Hyun Song. Global Dollar Credit and Carry Trades: A Firm Level Analysis [R]. Bank of International Settlement Working Paper, 2015.

［90］Bruno Valentina, Shim Ilhyock and Shin Hyun Song. Comparative Assessment of Macroprudential Policies［J］. Journal of Financial Stability, 2017（28）：183 – 202.

［91］Broner F. , Didier T. , Erce A. and Schmukler L. Sergio. Gross Capital Flows：Dynamics and Crises［J］. Journal of Monetary Economics, 2013, 60（1）：113 – 133.

［92］Burnside A. Craig, Eichenbaum Martin, Kleshchelski Isaac and Rebelo Sergio T. . Do Peso Problems Explain the Returns to the Carry Trade?［J］. The Review of Financial Studies, 2011, 24（3）：853 – 891.

［93］Byrne P. Joseph, Fiess Norbert. International Capital Flows to Emerging Markets：National and Global Determinants［J］. Journal of International Money and Finance, 2016（61）：82 – 100.

［94］Calderón C. , Kubota M. Sudden Stops：Are Global and Local Investors Alike?［J］. Journal of International Economics, 2013, 89（1）：122 – 142.

［95］Cárdenas Mauricio, Felipe Barrera. On the Effectiveness of Capital Controls：The Experience of Colombia during the 1990s［J］. Journal of Development Economics, 1997（54）：27 – 57.

［96］Calvo A. Guillermo, Leiderman L. and Reinhart M. Carmen. Capital Inflows and Real Exchange Rate Appreciation in Latin America：The Role of External Factors［J］. Palgrave Macmillan Journals, 1993（40）：108 – 151.

［97］Calvo A. Guillermo, Leiderman L. and Reinhart M. Carmen. Inflows of Capital to Developing Countries in the 1990s［J］. American Economic Association, 1996（10）：123 – 139.

［98］Calvo A. Guillermo. Capital Flows and Capital – Market Crises：The Simple Economics of Sudden Stop［J］. Journal of Applied Economics, 1998（1）：34 – 54.

[99] Calvo A. Guillermo, Izquierdo A. and Mejia L. F. On the Empirics of Sudden Stops: The Relevance of Balance – sheet Effects [R]. NBER Working Paper No. 10520, 2004.

[100] Cavallo E. A. , Frankel, J. A. Does Openness to Trade Make Countries More Vulnerable to Sudden Stops or Less? [J]. Journal of International Money and Finance, 2008, 27 (8): 1430 – 1452.

[101] Cerutti Eugenio, Claessens Stijn and Puy Damien. Push Factors and Capital Flows to Emerging Markets: Why Knowing Your Lender Matters More Than Fundamentals [J]. International Monetary Fund Working Paper, 2015a.

[102] Cerutti Eugenio, Claessens Stijn, and Laeven Luc. The Use and Effectiveness of Macroprudential Policies: New Evidence [R]. International Monetary Fund Working Paper, 2015b.

[103] Cetorelli Nicola, Goldberg Linda. Global Banks and International Shock Transmissions: Evidence from the Crisis [J]. International Monetary Fund Economic Review, 2011 (59): 41 – 76.

[104] Chamon Marcos and Garcia Marcio. Capital Controls in Brazil: Effective? [Z]. The 15th Jacques Polak Annual Research Conference, 2014.

[105] Chan Kalok, Covrig Vicentiu and Ng Lilian. Determines the Domestic Bias and Foreign Bias? Evidence from Mutual Fund Equity Allocations Worldwide [J]. The Journal of Finance, 2005 (60): 1495 – 1534.

[106] Chinn D. Menzie, Ito Hiro. A New Measure of Financial Openness [J]. Journal of Comparative Policy Analysis, 2008 (10): 309 – 322.

[107] Chung Kyuil, Park Hail and Shin Hyun Song. Mitigating Systemic Spillovers from Currency Hedging [J]. National Institute Economic Review, 2012: 44 – 56.

[108] Chen Q, Lombardi M J, Ross A, et al. Global Impact of US and Euro

Area Unconventional Monetary Policies: A Comparison [J]. BIS Working Papers, 2017.

[109] Claessens Stijn, Ghosh R. Swati and Mihet Roxana. Macroprudential Policies to Mitigate Financial System Vulnerabilities [J]. Journal of International Money and Finance, 2013 (39): 153 – 185.

[110] Cheung Yin – Wong, Steinkamp Sven and Westermann Frank. China's Capital Flight: Pre – and Post – Crisis Experiences [J]. Journal of International Money and Finance, 2015.

[111] Chantapacdepong Pornpinun, Shim Ilhyock. Correlations across Asia – Pacific Bond Markets and the Impact of Capital Flows [J]. BIS working paper, 2014.

[112] Chinn D. Menzie, Ito Hiro. What Matters for Financial Development? Capital Controls, Institutions, and Interactions [J]. Journal of Development Economics, 2006, 81 (1): 163 – 192.

[113] Chui Michael, Kuruc Euruc and Turner Philip. A New Dimension to Currency Mismatches in the Emerging Markets: Nonfinancial Companies [R]. BIS working paper No 550, 2016.

[114] Chung K., Park H. and Shin Hyun Song. Mitigating Systemic Spillovers from Currency Hedging [J]. National Institute Economic Review, 2012 (221): 44 – 56.

[115] Coeurdacier N, Stéphane G. International Portfolio Diversification is better than You Think [J]. Journal of International Money and Finance, 2011 (30): 289 – 308.

[116] Cuddington John. Capital Flight: Estimates, Issues and Explanations [J]. Princeton Studies in International Finance, 1986. 12.

[117] Dahlhaus Tatjana, Vasishtha Garima. The Impact of U. S. Monetary Poli-

cy Normalization on Capital Flows to Emerging – Market Economies [J]. Bank of Canada Staff Working Papers, 2014.

[118] Da SilvaLuiz Awazu Pereira, Ricardo Eyer Harris. Sailing through the Global Financial Storm: Brazil's Recent Experience with Monetary and Macropruden-tial Policies to Lean against the Financial Cycle and Deal with Systemic Risks [R]. Brazil Central Bank Working Paper, 2012.

[119] Davis J. S. , Wincoop E. van. Globalization and the Increasing Correla-tion between Capital Inflows and Outflows [R]. NBER Working Paper, 2017.

[120] De Gregorio José, Sebastian Edwards and Rodrigo O. Valdés. Controls on Capital Inflows: Do They Work? [J]. Journal of Development Economics, 2000 (63): 59 – 83.

[121] De Santis R. A. , Lührmann M. On the Determinants of Net Internation-al Portfolio Flows: A Global Perspective [J]. Journal of International Money and Fi-nance, 2009 (28): 880 – 901.

[122] Edwards Sebastian. Monetary Policy Independence under Flexible Ex-change Rates: An Illusion? [J]. The World Economy, 2015, 38 (5): 773 – 787.

[123] Eichengreen Barry, Gupta Poonam and Masetti Oliver. Are Capital Flows Fickle? Increasingly? And Does the Answer Still Depend on Type? [R]. World Bank Working Paper, 2017.

[124] Edwards S. Capital Controls, Sudden Stops and Current Account Rever-sals [R]. NBER Working Paper No. 11170, 2005.

[125] Fernandez – Arias Eduardo. The New Wave of Private Capital Inflows: Push or Pull? [J]. Journal of Development Economics, 1996 (48): 389 – 418.

[126] Fleming J. Marcus. Domestic Financial Policies under Fixed and Float-ing Exchange Rates [J]. IMF Staff Papers. 1962 (9): 369 – 379.

[127] Forbes Kristin. Why do Foreigners Invest in the United States? [J].

Journal of International Economics, 2010 (80): 3 – 21.

[128] Forbes Kristin, Warnock E. Francis. Capital Flow Waves: Surges, Stops, Flight, and Retrenchment [J]. Journal of International Economics, 2012 (88): 232 – 251.

[129] Forbes K. , Fratzscher M. , Straub R. Capital Flow Management Measures: What are They Good for? [J]. Journal of International Economics. 2015: 76 – 97.

[130] Forbes Kristin, Fratzscher Marcel, Kostka Thomas and Straub Roland. Bubble Neighbour: Portfolio Effects and Externalities from Capital Controls [J]. Journal of International Economics, 2016 (99): 85 – 104.

[131] Fratzscher Marcel. Capital Flows, Push versus Pull Factors and the Global Financial Crisis [J]. Journal of International Economics, 2012 (88): 341 – 356.

[132] Frankel A. Jeffrey, Wei. S. J. Assessing China's Exchange Rate Regime [J]. Economic Policy, 2007, 22 (51): 575 – 621.

[133] Fritz Barbara, Prates Daniela. The New IMF Approach to Capital Account Management and Its Blind Spots: Lessons from Brazil and South Korea [J]. International Review of Applied Economics, 2014 (28): 210 – 239.

[134] Ghosh R. Atish, Qureshi S. Mahvash, Kim Il Jun, and Zalduendo Juan. Surges [J]. Journal of International Economics, 2014 (92): 266 – 285.

[135] Ghosh A R, Qureshi M S, Sugawara N. Regulating Capital Flows at Both Ends: Does it Work? [J]. IMF Working Papers, 2014, 14 (188) .

[136] Ghosh A R, Ostry J D, Qureshi M S. Managing the Tide: How Do Emerging Markets Respond to Capital Flows? [J]. IMF Working Papers, 2017.

[137] Gourinchas P. , Obstfeld Maurice. Stories of the Twentieth Century for the Twenty – First [J]. American Economic Journal: Macroeconomics, 2012, 4 (1): 226 – 265.

[138] Guidotti P. , Sturzenegger F. and Villar, A. On the Consequences of Sudden Stops [J]. Economia, 2004, 4 (2): 171 –214.

[139] Habermeier K. F. , Kokenyne A. and Baba C. The Effectiveness of Capital Controls and Prudential Policies in Managing Large Inflows [R]. International Monetary Fund Working Paper, 2011 (8): 1 –35.

[140] Hahm Jo On – Ho, Shin Hyun Song and Shin Kwanho. Noncore Bank Liabilities and Financial Vulnerability [J]. Journal of Money, Credit and Banking, 2013 (45): 3 –36.

[141] Hannan Ahmed Swarnali. The Drivers of Capital Flows in Emerging Markets Post Global Financial Crisis [R]. IMF Working Paper, 2017.

[142] Hattori Masazumi and Shin Hyun Song. The Broad Yen Carry Trade [Z]. Monetary Policies in Asia: Inflation Targeting and International Linkage, Kobe University, 2008.

[143] Herrmann Sabine, Mihaljek Dubravko. The Determinants of Cross – border Bank Flows to Emerging Markets: New Empirical Evidence on the Spread of Financial Crises [J]. BIS Working Papers No 315, 2012 (7) .

[144] Houston Joel F, Chen Lin and Ma Yue. Regulatory Arbitrage and International Bank Flows [J]. The Journal of Finance, 2012 (67): 1845 –1895.

[145] Huh In, An Jiyoun. The Effectiveness of Macroprudential Measures on Debt Investments in Korea [J]. BIS Working Paper, 2012.

[146] International Monetary Fund. Initial Lessons of the Crisis [R]. International Monetary Fund Working Paper, 2009.

[147] International Monetary Fund. The Fund's Role Regarding Cross – Border Capital Flows [R]. International Monetary Fund Working Paper, 2010a.

[148] International Monetary Fund. How Did Emerging Markets Cope in the Crisis? [R]. International Monetary Fund Working Paper, 2010c.

［149］International Monetary Fund. Reserve Accumulation and International Monetary Stability ［R］. International Monetary Fund Working Paper, 2010d.

［150］International Monetary Fund. The Multilateral Aspects of Policies Affecting Capital Flows ［R］. International Monetary Fund Working Paper, 2011a.

［151］International Monetary Fund. Recent Experiences in Managing Capital Inflows—Cross – Cutting Themes and Possible Guidelines ［R］. International Monetary Fund Working Paper, 2011b.

［152］International Monetary Fund. International Capital Flows – Reliable or Fickle ［R］. IMF World Economic Outlook, 2011c.

［153］International Monetary Fund. Macroprudential Policy: An Organizing Framework ［R］. International Monetary Fund Working Paper, 2011d.

［154］International Monetary Fund. Liberalizing Capital Flows and Managing Outflows ［R］. International Monetary Fund Working Paper, 2012a.

［155］International Monetary Fund. Global Financial Stability Report: The Quest for Lasting Stability ［R］. International Monetary Fund Working Paper, 2012b.

［156］International Monetary Fund. Brazil— 2012 Article IV Consultation, IMF Staff Country Report, 2012c.

［157］International Monetary Fund. The Liberalization and Management of Capital Flows – An Institutional View ［R］. 2012 (11): 1 – 48.

［158］International Monetary Fund. Understanding the Slowdown in Capital Flows to Emerging Markets ［R］. IMF World Economic Outlook, 2016. 4.

［159］Ilzetzki Ethan, Reinhart M. Carmenand Rogoff S. Kenneth. Exchange Rate Arrangements Entering the 21st Century: Which Anchor Will Hold? ［J］. NBER Working Paper, 2017.

［160］Jinjarak Yothin, Noy Ilan, Zheng Huanhuan. Capital Controls in Brazil –

Stemming a Tide with a Signal? [J]. Journal of Banking & Finance, 2013 (37): 2938 – 2952.

[161] Johnson H G. The Monetary Approach to Balance – of – Payments Theory [J]. Journal of Financial & Quantitative Analysis, 1972, 7 (2): 1555 – 1572.

[162] Julio B., Yook Y. Policy Uncertainty, Irreversibility, and Cross – Border Flows of Capital. Journal of International Economics [J]. 2016 (103): 13 – 26.

[163] Karolyi Andrew G., Ng T. David, and Prasad S. Eswar. The Coming Wave [J]. Hong Kong Institute for Monetary Research Working Paper, 2013.

[164] Kaufmann Daniel, Kraay Aart and Mastruzzi Massimo. The Worldwide Governance Indicators: A Summary of Methodology, Data and Analytical Issues [J]. World Bank Policy Research Working Paper No. 5430, 2013.

[165] Kim Y. Causes of Capital Flows in Developing Countries [J]. Journal of International Money and Finance, 2000, 19 (2): 235 – 253.

[166] Kim, Soyoung, and Yang Doo Yong, Managing Capital Flows: The Case of the Republic of Korea [J]. ADBI Discussion Paper, 2010 (88): 1 – 36.

[167] Koepke R. What Drives Capital Flows to Emerging Markets? A Survey of the Empirical Literature [J]. Social Science Electronic Publishing, 2015.

[168] Korinek A, Sandri D. Capital Controls or Macroprudential Regulation? [J]. Journal of International Economics, 2016, 99 (218): 27 – 42.

[169] Laeven Luc, Fabian Valencia. Systemic Banking Crises Database [R]. IMF Economic Review, 2013 (61): 225 – 270.

[170] Lane P. R., Milesi – Ferretti G. M. International Investment Patterns [J]. The Review of Economics and Statistics, 2008 (90): 538 – 549.

[171] Lim, C. et al. Macroprudential Policy: What Instruments and How to Use them? Lessons from Country Experiences [R]. International Monetary Fund Working Paper, 2011 (10): 1 – 85.

[172] Magud E. Nicolas et al. Capital Inflows, Exchange Rate Flexibility and Credit Booms [J]. Review of Development Economics, 2014, 18 (3): 415 – 430.

[173] Markowitz Harry. Portfolio Selection [J]. The Journal of Finance, 1952 (7): 77 – 91.

[174] McCauley N Robert and McGuire Patrick. Dollar Appreciation in 2008: Safe Haven, Carry Trades, Dollar Shortage and Overhedging [R]. BIS Quarterly Review, 2009 (12): 1 – 9.

[175] Meade J. E. The Theory of International Economic Policy: The Balance of Payments [M]. Oxford University Press, 1951: 185 – 214.

[176] Moghadam Reza. Recent Experiences in Managing Capital Inflows— Cross – Cutting Themes and Possible Policy Framework [J]. International Monetary Fund Working Paper, 2011 (2): 1 – 97.

[177] Mundell R. A. The Monetary Dynamics of International Adjustment under Fixed and Flexible Exchange Rates [J]. Quarterly Journal of Economics, 1960 (2): 227 – 257.

[178] Mundell R. A. Capital Mobility and Stabilization Policy under Fixed and Flexible Exchange Rates [J]. The Canadian Journal of Economics and Political Science, 1963 (29): 475 – 485.

[179] Múller Oliver, Uhde André. Cross – border Bank Lending: Empirical Evidence on New Determinants from OECD Banking Markets [J]. Journal of International Financial Markets, Institutions and Money, 2013 (23): 136 – 162.

[180] Nier E. et al. Gross Private Capital Flows to Emerging Markets: Can the Global Financial Cycle Be Tamed? [R]. International Monetary Fund Working Paper, 2014 (10): 1 – 34.

[181] Obstfeld Maurice. Trilemmas and Tradeoffs: Living with Financial Globalisation [J]. BIS Working Paper, 2015.

［182］Ostry, J. D. , Ghosh A. R. , Chamon M. and Qureshi Mahvash S. Tools for Managing Financial Stability Risks from Capital Inflows ［J］. Journal of International Economics, 2012 (88): 407 – 421.

［183］Papaioannou Elias. What Drives International Financial Flows? Politics, Institutions and Other Determinants ［J］. Journal of Development Economics, 2009 (88): 269 – 281.

［184］Pasricha G K, Falagiarda M, Bijsterbosch M, et al. Domestic and Multilateral Effects of Capital Controls in Emerging Markets ［J］. NBER Working Papers, 2015.

［185］Peltomaki Jarkko. Emerging Market Hedge Funds and the Yen Carry Trade ［J］. Emerging Markets Review, 2008 (9): 220 – 229.

［186］Portes Richard, Rey Hélène. The Determinants of Cross – border Equity Flows ［J］. Journal of International Economics, 2005 (65): 269 – 296.

［187］Prasad, Eswar S. , and Raghuram G. Rajan. A Pragmatic Approach to Capital Account Liberalization ［J］. The Journal of Economic Perspectives, 2008 (22): 149 – 172.

［188］Reinhart M. Carmen, Reinhart Vincent and Trebesch Christoph. Global Cycles: Capital Flows, Commodities, and Sovereign Defaults, 1815 – 2015 ［J］. American Economic Review, 2016 (5): 574 – 580.

［189］Reinhardt Dennis, Ricci Luca Antonio, Tressel Trhierry. International Capital Flows and Development: Financial Openness Matters ［J］. Journal of International Economics, 2013 (91): 235 – 251.

［190］Rey Hélène. Dilemma not Trilemma: The Global Financial Cycle and Monetary Policy Independence ［R］. NBER Working Paper No. 21162, 2015 (5) .

［191］Rothenberg, A. D. , Warnock, F. E. Sudden Flight and True Sudden Stops ［J］. Review of International Economics, 2011, 19 (3): 509 – 524.

[192] Saborowski Christian, Sanya Sarah, Weisfeld Hans and Yepez Juan. Effectiveness of Capital Outflow Restrictions [J]. IMF Working Paper, 2014 (1).

[193] Schindler Martin. Measuring Financial Integration: A New Data Set [J]. International Monetary Fund, 2009.

[194] Shirota Toyoichiro. What is the Major Determinant of Cross – border Banking Flows? [J]. Journal of International Money and Finance, 2015 (53): 137 – 147.

[195] Shin Hyun Song. Global Banking Glut and Loan Risk Premium [R]. 12th Jacquespolak Annual Research Conference, 2011 (11): 1 – 48.

[196] Subramanian Arvind. International Impacts of the Federal Reserve's Quantitative Easing Program [EB/OL]. 2014. https://www.cgdev.org/publication/international – impacts – federal – reserve% E2% 80% 99s – quantitative – easing – program.

[197] Sula O. Surges and Sudden Stops of Capital Flows to Emerging Markets [J]. Open Economies Review, 2010, 21 (4): 589 – 605.

[198] Viñals J. Key Aspects of Macroprudential Policy [R]. International Monetary Fund Working Paper, 2013 (6): 1 – 61.

[199] Wu J C, Xia F D. Measuring the Macroeconomic Impact of Monetary Policy at the Zero Lower Bound [J]. Journal of Money, Credit and Banking, 2016, 48 (23): 40.

后记

2019 年盛夏，我从复旦大学博士毕业来到上海黄金交易所，成为上海黄金交易所博士后工作站的一员，也正式开启了我的职业生涯。

成书之际，首先感谢上海黄金交易所理事长焦瑾璞研究员。焦理事长促成了博士后工作站文库系列的成书。焦理事长始终注重研发的力量，大力培养交易所的研发队伍，鼓励我们博士后在关注黄金市场之余不断关注中国金融市场的发展，并对中国金融市场发展过程中出现的新问题和新现象进行严谨的学术研究。

王振营总经理和复旦大学孙谦教授是我博士后课题的联合导师。王振营总经理鼓励我对社会学、历史学和政治学方面的书籍进行广泛阅读，积累知识，开阔眼界。王总在工作之余著有《交易经济学原理》一书，《交易经济学原理》为经济学提供了一种不同的视角，并能很好地解释当下中国发生的许多经济现象，很开心能够跟着王总学习交易经济学的理论。

孙老师非常关心我的博士后课题研究进展，为我的课题写作提出了非常专业和宝贵的意见。感谢孙老师一直以来对我的帮助。

本书是在我的博士论文的基础上修改完善而成。感谢我读博士期间的导师徐剑刚教授。徐老师在学术研究上给了我诸多指导和帮助。从收集文献、文献研读到 PPT 制作与报告，我从一个学术"小白"慢慢开始我的博士论文写作。从寻找研究题目到提炼研究问题，从收集数据到作实证分析，从文章写作到反复修改，博士论文的定稿也凝聚了导师诸多的心血。感谢徐老师一路以来的鞭策与鼓励。

  感谢上海黄金交易所给我提供了一个好的平台，领导和同事在工作中也给予了我很多支持和帮助，身边的同事都很优秀，大家互相学习，一起进步。最后感谢我的家人，我人生的每一步都离不开你们的支持与付出。

  繁忙的工作总让人觉得时间不够用。成书之际，内容仍有许多不足之处，恳请读者批评指正。祝愿上海黄金交易所博士后工作站越来越好！

朱 琳

2020 年 11 月于上海黄浦